ORACIONES PARA LÍDERES

RICHARD KRIEGBAUM

EDITORIAL UNILIT

Publicado por
Editorial Unilit
Miami, Fl. 33172

Traducido al español con permiso de Tyndale House Publishers.
(Translated into Spanish by permission of Tyndale House Publishers.)

Primera edición 2002

Originalmente publicado en inglés con el título: Leadership Prayers
por Tyndale House Publishers, Inc., Wheaton, Illinois, E.U.A.

Traducido al español por: Andrés Carrodeguas

Producto 496692
ISBN 0-7899-0887-5
Impreso en Colombia
Printed in Colombia

Contenido

INTRODUCCIÓN

Oraciones para líderes es un libro para aquellas personas a las que les preocupa lo suficiente ser buenos líderes y tener buenos seguidores, como para pensar rigurosamente sobre el tema y abrir el espíritu para hacer algo al respecto. Si usted es líder en el presente, quiere llegar a serlo, se siente llamado a serlo, se ve obligado a serlo, o tiene la responsabilidad de escoger y orientar líderes, le va a parecer valioso este libro.

Los líderes no oran para informarle a Dios sobre lo que está sucediendo. Él ya lo sabe. Tampoco oran para lograr que haga lo que ellos quieren. Él ya quiere lo mejor para todos los involucrados.

Los líderes oran para mantener una relación correcta con Dios. De esa relación entre el espíritu humano y el Espíritu de Dios proceden la perspectiva divina, la profundidad de comprensión, la orientación y el valor que el líder necesita para servir bien. Para mantenerse sin cometer errores o caer en la seguridad excesiva o en la desesperación, hace falta un sentido especial de visión y equilibrio que solo nos viene del Espíritu de Dios por medio de la oración. En última instancia, la oración es la que determina la eficacia del líder en lo que más importa: las cuestiones eternas del espíritu humano, incluyendo al espíritu del propio líder.

Jesús nos enseño a dirigir de forma creativa y sabia, pero se negó a decirnos con precisión cómo hacerlo. Solo dijo que la Palabra de Dios debe ser nuestra Verdad, y que dejaría a su Espíritu para que nos guiara. También nos dijo que orásemos.

Cuando respondemos el llamado a ser líderes, nos comprometemos a capacitar a los demás para ver con mayor claridad su sueño, y hacer de alguna manera que se convierta en realidad. Eso es trabajo espiritual, y no es posible hacerlo bien sin una comunicación eficaz con el Espíritu de Dios por medio de la oración. Cuando somos buenos líderes, se vuelven posibles los logros excepcionales. Por eso respondemos el llamado a ser líderes. También por eso seguimos a los grandes líderes. Y por eso es que los líderes oran con tanto fervor.

Por su naturaleza, estas oraciones solo viven cuando son interiorizadas; solo tienen poder cuando se aplican a los desafíos que trae consigo la vida real. Revisarlas superficialmente para quedarnos con las ideas principales va a servir de poco, porque no se trata de una ingeniosa técnica nueva de administración. Son pensamientos y oraciones acerca de la función de guiar a la gente; no por la mano, ni por la nariz; ni siquiera por el intelecto, sino por medio del espíritu.

No deje que la sencillez de estas oraciones lo engañe. Si el liderazgo fuera cosa fácil, todo el mundo sería un gran líder. El gran liderazgo procede del espíritu. La vida del espíritu podrá ser sencilla; incluso evidente, pero nunca es fácil.

Estas oraciones están pensadas para ser oraciones reales, personales de los líderes, o para los grupos de líderes, desde la Junta hasta los equipos formados con un propósito concreto. Se desarrollaron a lo largo de muchos años de fuerte uso, mientras Dios me estaba enseñando unas lecciones que no siempre estaba seguro de querer aprender. Han sido probadas y confirmadas por otros líderes, y han dado buenos resultados en mí y en las personas en las que tengo interés. Se las ofrezco a usted como idealista pragmático, en un intento por influir sobre un mundo caótico y hostil hacia los valores del reino de Dios.

IDENTIDAD

*Señor, en realidad no soy yo.
Solo es lo que yo hago.*

Como líder, expreso quién yo soy, pero siempre debo ser más que el papel de líder que represento. Tal vez me vean en función del papel visible de liderazgo que Dios me ha encomendado, pero Él sabe quién soy yo en realidad. Mi integridad como persona —y como líder— depende de que me vea a mí mismo y a lo que hago, como Dios nos ve.

El hombre mira lo que está delante de sus ojos, pero Jehová mira el corazón.
1 Samuel 16:7

Señor, este papel de líder que represento de vez en cuando; esta personalidad que asumo, es un don tuyo. Tú sabes que yo no soy en realidad el que encabeza todo esto. Solo soy tu hijo, y estoy tratando de llegar a ser como tú, y hacer lo que tú quieres.

Representar el papel de "líder" por un tiempo, es algo importante en este drama de la vida real del Buen Rey contra el Príncipe Malvado. Pero si tú no obras un milagro, yo no voy a desempeñar bien el papel, y la gente que me interesa tanto va a sufrir.

Sé lo que cuenta la historia: el Príncipe Malvado trata de engañar, de interrumpir y destruir todo lo bueno que yo haga. Sé que a la larga, es la verdad la que triunfa, y que al final, triunfa el bien. Hasta sé cuáles ideas y valores deben controlar la personalidad de cada uno, incluso la mía. Pero también sé que tengo que ir escribiendo el libreto a medida que avanzo, y ayudar a los demás a representar su papel. Y tengo que coordinar nuestro libreto con todos los demás libretos que se representan en otras partes de tu reino. No sé lo que tengo que hacer, pero si tú me vas susurrando sugerencias al oído, yo iré improvisando.

A menos que tu Espíritu me informe y me dé ánimo, no voy a saber representar mi papel. Me quedaré callado en el escenario, sin saber lo que puedo hacer; ni siquiera lo que en realidad quiero hacer. Lo peor de todo es que no voy a saber lo que no puedo hacer. A menos que tú intervengas, equivocaré lo que tengo que decir, no escucharé tus sugerencias y confundiré las de todos los demás. Ayúdame a ser sensible a mis dones espirituales, de manera que solo intente aquello para lo cual tú me hayas capacitado de manera especial, y sólo guíe hacia donde tú estás obrando.

No permitas que este papel de líder me consuma ni que piense que me he convertido en el papel que represento. Recuérdale a mi espíritu quién soy en realidad, de manera que cuando vuelva a mi hogar no siga actuando como el jefe de la empresa. Guíame para que haga lo que sea mejor para mi familia y para mi propia salud.

Te ruego que me ayudes a mantenerlo todo correcto. Ser líder es algo sumamente importante, y tengo todo el deseo de hacer bien las cosas, pero a veces me olvido de dónde termina el papel y comienzo yo. Así que quiero que tu Espíritu me lo recuerde, de la forma y en el momento en que tengas que hacerlo...

En realidad no soy yo, Señor. Solo es lo que hago.

SI TÚ ME VAS SUSURRANDO AL OÍDO, YO IRÉ IMPROVISANDO.

REFLEXIONES

Madre e hija estaban sentadas frente a mi escritorio, muy enojadas. Ambas sentían que les habían dado una orientación incorrecta acerca del alojamiento y la ayuda económica en la universidad. La hija parecía dispuesta a presentar su caso, esperar que se le hicieran algunas concesiones y volver a sus estudios. En cambio, la madre alegaba con firmeza que lo importante era el principio violado.

¿Cómo era posible que yo, el rector de la universidad, permitiera que sucediera algo así en una universidad cristiana? Aquello habría sido inaceptable hasta en una institución secular. Estaba furiosa, y me echaba la culpa a mí.

Las escuché, reconocí su dolor y su frustración, me aseguré de que hubieran apelado a las personas debidas dentro de nuestro personal, pedí disculpas por los malentendidos que hubiera, les pregunté qué querían de mí concretamente, y les prometí estudiarlo para volverme a entrevistar con ellas.

Mi comprensión era sincera, y mi espíritu interior estaba en paz. ¿Por qué? Porque pude separar mi identidad básica de mi papel como líder. Sabía que aquellas mujeres no me odiaban a mí personalmente. Solo estaban enojadas con quienquiera que fuera el rector.

Cada vez que baso mi identidad o mi valor como persona en mi papel de líder, me traiciono a mí mismo y me pierdo lo mejor de cuanto Dios tiene para mí. El hecho de ser líder no es inherente a mi persona. Soy un hijo de Dios, al que Él ama intensamente, tanto si a la gente le agradan mis decisiones, como si la enojan; tanto si triunfo como si fracaso.

Mi siguiente entrevista de aquel día fue con un matrimonio que estaba encantado con la experiencia de su hijo en la universidad. Acepté sus elogios, pero como rector; no personalmente. Las cosas funcionan en ambos sentidos.

Propiedad

Es tuyo, Señor. No es mío.

Los líderes son administradores de los propósitos y recursos de Dios en la vida humana y en la historia. Nos es demasiado fácil actuar como si fuéramos nosotros los dueños. Nos es demasiado fácil tratar de jugar a ser Dios. No somos nosotros los que obramos milagros para Dios. Es Él quien los hace para nosotros.

No temáis... porque no es vuestra la guerra, sino de Dios.
2 Crónicas 20:15

Esta es la oración que te dirijo sin cesar: hora tras hora y día tras día. Esto es tuyo. Yo no soy el que estoy peleando esta batalla para ti, Dios. La batalla es tuya, y tú la estás peleando por mí. Es toda tuya, y yo quiero cuanto tú tengas para mí en esta situación.

La organización no es mía, sino tuya, así que dependo de que tu Espíritu me muestre lo que debo hacer. Esta gente no es mía. Yo los escogí y organicé sus esfuerzos, pero ellos no me pertenecen. Tú los confiaste a mi liderazgo, y ellos aceptaron seguirme. Se merecen más, y algunas veces esperan de mí más de lo que yo les puedo dar. Lo que necesitan en realidad es enorme. Si tomo sobre mí personalmente sus necesidades, esperanzas y temores, me aplastarán al instante. Son tuyos.

Es mucho lo que depende de mí, y sin embargo, todo lo que tengo para esta tarea es la salud y la energía que tú me diste: mis ojos, mis oídos, mi espalda, mi corazón, mis pulmones, mis rodillas, mis manos, mis pies y mi voz. Soy cuidadoso al comer, descanso, hago ejercicio y tengo pensamientos positivos, y aun así, me falla este infeliz montón de arcilla. Tú tienes los derechos de creador sobre mi cuerpo. Tú formaste cada una de sus milagrosas partes. Lo que tú te lleves, es asunto tuyo. Yo haré lo que pueda con las capacidades físicas que me hayas dado. Son tuyas.

Tuyo es el reino, pero parece como si nunca tuviéramos recursos suficientes. Siempre nos falta algo, nuestros sueños siempre se burlan de nuestra realidad, nuestra visión siempre danza alrededor de nuestra pobreza. Tú lo tienes todo, así que lo que nosotros necesitemos te debe parecer pequeño. Muéstrame dónde buscarlo, cómo conocerlo cuando lo veo, cómo conseguirlo, cómo usarlo lo mejor posible, y sobre todo, cómo contentarme con lo que obtenga. Todo es tuyo.

El tiempo sigue pasando, inexorable e inmisericorde. Pasan los días y pasan los años, y nunca hay suficiente tiempo para todo el bien que se habría podido hacer; solo hay tiempo suficiente para tus prioridades, si es que las entiendo correctamente. Tú creaste el tiempo, y a ti no te limita. Pero yo no tengo hoy mil años, Dios. Solo tengo el presente.

Así que este día es tuyo; yo soy tuyo; esta gente es tuya; los recursos son tuyos. Los retos a los que nos enfrentamos son tuyos, y lo es todo cuanto tenemos la esperanza de realizar.

Es tuyo, Señor. No es mío.

YO ESCOJO Y ORGANIZO A LA GENTE, PERO ESA GENTE NO ME PERTENECE.

Reflexiones

Un colega de la universidad me explicó una vez lo que él creía la clave del inmenso éxito que estábamos teniendo. Según él, lo que sucedía es que yo había hecho *mía* la universidad; que yo había tomado personalmente la responsabilidad sobre su destino.

En cierto sentido, comprendí lo que quería decir, y pude estar de acuerdo con él. Sin embargo, la experiencia de libertad y creatividad de la que disfrutaba como rector, era posible precisamente porque la universidad les pertenecía —humana y legalmente— a la junta administradora y a la iglesia, y no a mí.

Yo tenía el privilegio de proponer cosas, sabiendo que la junta tenía la responsabilidad de detenerme cada vez que estaba a punto de tirarme a una piscina sin agua. Tenía la libertad de probar cosas, sabiendo que si fracasaba, la junta decidiría contratar a otro para ponerlo en mi lugar. Esa libertad hacía de mí un líder mejor.

Podía practicar mi administración del liderazgo en la universidad con un espíritu iluminado y creativo, porque no tenía que llevar sobre mí la carga de ser su propietario. Mi función no era hacer que todo anduviera bien. Como cualquier otro líder, mi labor consistía sencillamente en seguir los deseos y las indicaciones del dueño, ayudando a edificar gente excelente a base de intentar algo difícil e importante al mismo tiempo.

En un sentido espiritual, tanto para los miembros de la junta como para mí, todo suceso, relación o decisión, le pertenecen a Dios en última instancia. Cuando reconocemos constantemente a Dios como dueño, quedamos liberados para un liderazgo creativo. A nosotros nos toca guiar. Todo lo demás es asunto del Dueño.

Realidad

Muéstranos lo que es real, Señor.
Tenemos que conocer la verdad.

Si no estamos seguros de la situación de nuestro punto de partida, nunca podremos señalar un curso correcto hacia nuestra meta. No hay alternativa alguna a la libertad y el poder de la verdad.

Todo lo que es verdadero, todo lo honesto, todo lo justo... en esto pensad.
Filipenses 4:8

Ayúdanos, Señor, a aceptar lo cierto acerca de quiénes somos y dónde estamos, de manera que podamos estar de acuerdo en cuanto a dónde vamos y cuál es la mejor manera de llegar allí. Aunque no todos veamos la realidad de la misma forma, ayúdanos a ver la misma realidad y ponernos de acuerdo sobre su significado para nosotros, tanto si nos agrada lo que vemos, como si no nos agrada. De no ser así, Señor, vamos a desperdiciar un tiempo y una energía muy valiosos, discutiendo a partir de suposiciones diferentes.

Es obvio que a ti te encanta la variedad. Nos hiciste tan diversos, que todo lo que podemos hacer es reírnos y maravillarnos. Eso, en sí mismo, es parte de la realidad que necesitamos comprender. Cada uno de nosotros tiene sus reacciones y sentimientos propios acerca de todo. Este maravilloso espectro de perspectivas nos ayuda a superarnos, siempre que tú nos ayudes a respetarnos unos a otros.

Por mi propia cuenta, no veo claro del todo lo que es verdad, Señor. Con frecuencia, cuando más seguro me he sentido, he sido engañado. En este mundo hay mucho que solo es fachada, y no lo que parece, y las cosas se mueven tan rápido que la realidad cambia como las sombras nocturnas movidas por el viento.

De alguna forma, Señor, en todas nuestras diferencias, y a pesar de tanta diversidad en la información, danos una realidad compartida; una idea semejante de cómo son las cosas en realidad para nosotros. Guía mi espíritu a la verdad acerca de nuestra situación, para que la pueda describir de tal forma que nos lleve a un consenso.

Algunos no podemos ver la verdad, porque le tememos. Otros hemos hecho fuertes inversiones en otra idea de la realidad, y tal vez nos sintamos avergonzados si resulta que estábamos equivocados. Otros hemos llegado incluso a trabajar para construir una realidad distinta, y no queremos que cambie.

Sé que la verdad tiende a ganar a la larga, pero necesito verla lo suficientemente pronto para actuar con sabiduría. Ayúdanos a comprender con exactitud nuestra situación, de manera que no desperdiciemos esta oportunidad de grandeza. Queremos la verdad, porque solo la verdad nos hará libres para realizar nuestra misión.

Muéstranos lo que es real, Señor. Tenemos que saber la verdad.

ALGUNOS NO PODEMOS VER LA VERDAD, PORQUE LE TEMEMOS.

REFLEXIONES

De pie bajo los arcos de ladrillo y las esbeltas columnas del salón McDonald, me era difícil recordar que doce años antes había estado sentado en la capilla durante un culto, encogido mientras veía caer una gotera desde el techo directamente sobre nuestro orador invitado.

Era mi primer año en un colegio universitario pequeño, y tan pobre que ni siquiera se podía dar el lujo de reparar los techos, y a mí se me había encargado escribir un plan para la institución en el que se indicara lo que haría falta para sobrevivir. Tanta gente había sacrificado tanto durante tan largo tiempo para mantener vivo aquel sueño, que mis críticas parecían rudas y poco amables. Pero yo creía que estaba diciendo la verdad de la situación, y que teníamos que estar de acuerdo en cuanto a nuestra realidad para poder centrar nuestros esfuerzos.

Identificamos doce barreras a nuestra supervivencia, y estuvimos de acuerdo en que cualquiera de ellas podía ser mortal si no cambiaban las cosas. Temía que se produjera una desmoralización total, que la gente clave renunciara, que los donantes se desesperaran y desaparecieran; y que yo tuviera que asistir a los funerales de la institución.

Entonces, un profesor de inglés llamado Wilfred Martens, me llevó a un lado para decirme: "Realmente es una ayuda el que miremos esto de frente y le demos nombre y sepamos lo que tenemos que hacer para triunfar. No estamos demasiado agotados. Ahora que lo vemos, yo creo que podemos hacer esto".

Tenía razón. Doce años más tarde, Fresno Pacific fue puesto en el cuarto lugar por *U. S. News & World Report,* por ofrecer el mejor provecho en general entre las universidades regionales del oeste de los Estados Unidos.

SABIDURÍA

Enséñame, Señor, para que tenga algo de sabiduría que compartir.

No hay don más preciado en un líder, que la sabiduría que puede aplicar unos valores relevantes a la tarea de darles sentido a nuestro conocimiento y nuestra experiencia.

Y si alguno de vosotros tiene falta de sabiduría, pídala a Dios, el cual da a todos abundantemente y sin reproche, y le será dada.
Santiago 1:5

Lo que tú me enseñes, Señor, es todo lo que yo tendré para los demás. Debo ser sabio para que podamos triunfar, y tú sabes que no soy sabio por naturaleza. Con demasiada frecuencia soy necio; mi propia personalidad me juega malas pasadas con facilidad, me engaña mi ignorancia, me ciega mi orgullosa decisión de triunfar y me descarría mi lógica. Algunas veces mi espíritu está dormido, u ocupado en otras cosas, o simplemente incrustado con todas mis racionalizaciones tan exquisitas. Necesito tu sabiduría.

Si yo fuera brillante; si tuviera el conocimiento y los puntos fuertes que admiro en tantas otras personas; si fuera un gigante espiritual, solo te pediría que me ayudaras a hacer las cosas lo mejor posible. Pero lo mejor de cuanto yo pueda hacer, no es suficiente. No sé lo suficiente, y no puedo ver con suficiente claridad. Soy hijo tuyo y quiero aprender, pero si el Espíritu no me enseña, voy a tener poco que ofrecer. Necesito tu sabiduría.

Lo que tú me des, determina el éxito o el fracaso de aquellos de quienes soy líder. Ellos merecen alguna palabra; necesitan un mensaje. ¿De qué otra manera van a comprender nuestra dirección, y la forma de la dirección que llevamos y que señala hacia una causa digna? He estudiado y analizado todo lo que puedo.

Enséñame a ir más allá de los datos y los sentimientos. Mi espíritu espera callado. Necesito tu sabiduría.

Enséñame, Señor, para que tenga alguna sabiduría que compartir.

NO SÉ LO SUFICIENTE, Y NO PUEDO VER CON SUFICIENTE CLARIDAD.

REFLEXIONES

Sucedía una y otra vez: el punto muerto, el diálogo en círculos, la información y el razonamiento limitados. En mis primeros años, creía que todo lo que necesitaba era la mejor información disponible y una lógica clara para llegar a la mejor decisión. Todo buen líder con el que he trabajado, ha querido lógica e información para las decisiones importantes.

Pero a medida que observaba a los líderes cuya eficacia era constante, comencé a notar algo más. Ser buen líder exigía más que limitarse a la información disponible: necesitaba algo que le diera un significado práctico. Los mejores líderes podían sentir cuándo se había alcanzado ese punto. En lugar de esperar a tener siempre ellos la respuesta definitiva, o forzar a que se liquidara la cuestión, casi siempre hacían una pausa; un momento tras unos ojos cerrados, un llamado a la oración, un descanso en la reunión, un poco de humor, o el intento de hacer hablar a alguien que había guardado silencio. La lista de métodos no tenía fin.

Aquellos líderes no parecían cargados o preocupados cuando agotaban el conocimiento y el razonamiento. El extremo dentado que a los demás les asustaba, parecía darles seguridad a ellos y guiarlos a la sabiduría.. Los mejores líderes, sabían después de hacer una pausa, quién era la persona con sabiduría para ese momento; si eran ellos, u otra persona. Esta sabiduría es un don del Espíritu, y no es derramada sobre los líderes para cubrir su incompetencia o indolencia. Esta sabiduría es la bondadosa contribución de Dios a favor de aquellos que realmente son líderes para servir. Es una respuesta a la oración sincera.

Valores

Infunde los valores correctos en nuestro corazón, Señor. Comienza por mí.

Los valores controlan la conducta. Actuamos a partir de lo que creemos que es realmente importante; de lo que es correcto y bueno. Quienquiera que influya sobre los valores básicos de un grupo, es, de hecho, su líder. Ese proceso debe comenzar con los valores que Dios infunde en el líder.

Crea en mí, oh Dios,
un corazón limpio,
y renueva un espíritu recto
dentro de mí.
Salmo 51:10

Me doy cuenta, Señor, de que no lo puedo controlar todo, ni siquiera por medio de un sinfín de reglas, normas y directrices. No quiero una democracia inmovilizada en la cual todo el mundo vote hasta por las cosas más pequeñas. Tampoco quiero una dictadura desmoralizada en la que yo tenga que decidirlo todo y pensarlo todo. Quiero una verdadera comunidad, con relaciones fuertes y acciones eficaces, guiadas por la entrega a los mismos valores básicos.

Queremos los valores correctos; los que hacen de nosotros una comunidad sana en la cual alcanzar nuestras metas sea nuestro medio de convertirnos en personas mejores y en una organización mejor. Así que, esos valores nos deben mover hacia las metas correctas. Guíanos a la hora de escoger esos valores. Si cometemos un error en esto, ninguna otra cosa va a funcionar como es debido.

Cuando tú llamas a ser líder, siempre proporcionas lo que hace falta para serlo. Por tu gracia, yo puedo hacer muchas cosas para mantener ante nuestra vista los valores correctos y para dar ejemplo de ellos yo mismo, pero solo tu Espíritu los puede sembrar con profundidad y firmeza en el corazón de todos. Hazme un verdadero líder espiritual; un nexo en la relación dinámica entre su Espíritu y el espíritu de esta gente a la que amo.

Sé que hay muchas probabilidades de que esto no funcione. Uno se siente más seguro cuando le dice a todo el mundo lo que debe hacer, en lugar de confiar en que van a actuar por cuenta propia en sintonía con esos valores. Pero, ayúdame a respetarlos tal como tú los creaste, para que puedan crecer y ser verdaderamente grandes para tu gloria.

Quiero ser un líder espiritualmente sensible, a fin de capacitar a la gente para que capte con mayor claridad y poder el llamado y la guía de tu Espíritu en su vida. Sé que este tipo de líder no es frecuente, porque es una cuestión del espíritu, pero Señor, ese es el tipo de líder que quiero ser.

Por ser el líder, soy responsable de los valores según los cuales vivimos todos. Las cosas deben comenzar por mí mismo. Dame un espíritu sano y fuerte, porque no hay marcha atrás. Siento una fuerte añoranza por el futuro. Ayúdanos a vivir los valores que nos van a llevar hasta él. Lo quiero, Señor; lo anhelo. Anhelo la forma en que las cosas *podrían* ser.

Infunde en nuestro corazón los valores correctos, Señor.

Comienza por el mío.

NUESTROS VALORES NOS DEBEN MOVER HACIA LAS METAS CORRECTAS.

REFLEXIONES

Tenían una misión verdaderamente noble, una visión inspiradora y un desastre de liderazgo. El presidente era fuerte y convincente. Había rescatado él solo aquel lugar pero, lamentablemente, estaba tratando de gobernarlo de la misma forma.

Era muy hábil en cuanto a ventas, pero terrible para el mercadeo. Cuando salía, podía presentar los conceptos y programas de la organización, cerrar la venta y mantener los ingresos. Pero cuando regresaba, el personal tenía dudas de que lo estuviera representando con precisión. Ni confiaban en él, ni lo seguían; se limitaban a obedecerlo. Como no podía vigilarlos ni controlarlos a todos, cada departamento hacía lo que mejor le parecía.

El personal era competente y dedicado, pero estaba lleno de confusión en cuanto a los valores básicos. Eran unos líderes informales los que estaban decidiendo los valores según los cuales se operaba; los cuales se oponían cada vez más a lo que el presidente decía y hacía. Las contradicciones e ineficiencias resultantes, amenazaban con aplastar todas sus buenas intenciones.

El líder eficaz le infunde una mezcla correcta de valores a la organización, tal como hace una bolsa de té en una taza de agua caliente. Cuando esto se hace de la manera debida, la cultura de la corporación absorbe los valores de una manera tan amplia, que deja de ser una taza de agua caliente para convertirse en una magnífica taza de té. Todas las partes de la organización comparten los mismos valores; todas las gotas saben igual. Todo el mundo sabe qué es lo realmente importante, y saben que el líder manifiesta en su vida una pasión por los mismos valores que todos los demás.

Confianza

Sé que me amas, y confío en ti.

El pensamiento imposible, el milagro trascendente, es que el maravilloso Dios Creador del universo sea mi Padre, en quien puedo confiar plenamente mientras hago mi mejor esfuerzo por ser un buen líder.

Y nosotros hemos conocido y creído el amor que Dios tiene para con nosotros. Dios es amor.
1 Juan 4:16

Te amo, Señor. Tú lo sabes. Es muy natural amarte. Tú eres perfecto. Eres hermoso, puro, poderoso, absolutamente veraz y bondadoso. Has sido tan generoso conmigo, que algunas veces me siento como un miserable cuando me limito a darte las gracias.

Pero es mucho más poderoso en mi vida saber y sentir que tú me amas. Tú conoces de una manera exacta y total quién soy: todos mis pensamientos tan feos, mis motivaciones torcidas, mis fingimientos, mis temores irracionales, mi orgullo y mi infidelidad, pero me sigues amando. Yo sé que me amas.

Me conoces y, sin embargo, porque me amas, me permites que sea guía de otros. No lo comprendo, pero me siento agradecido.

Porque tú me amas, quieres que sepa qué debo hacer, cuál dirección tomar, cuál es el verdadero sentido de todas las situaciones. Quieres que tome decisiones sabias. Quieres lo mejor para todos. Quieres que vea lo que tú estás haciendo; que comprenda la realidad de las cosas tal como la comprendes tú.

Necesito un don especial para prever el futuro, Padre. Sé que tú guías de una forma sutil; eres delicado conmigo. No das órdenes a gritos, así que espero que tu Espíritu me susurre lo que sea verdadero, arroje luz sobre lo que sea sabio, y haga que todos los indicadores adquieran sentido. Las decisiones podrán ser mías, pero la previsión y la sabiduría deben ser tuyas. Quiero conocer tus pensamientos.

Porque me amas, nunca me muestras el futuro, ni me dices cómo van a salir las cosas. Yo nunca sería capaz de manejar correctamente unos conocimientos así. Pero, porque me amas, siempre quieres que conozca la verdad más profunda; que sepa lo que es posible y lo que es bueno. Tú nunca me engañas ni me dejas. Confío en que guíes mi espíritu al conocimiento de lo que es real.

Si tú no me amaras, nada tendría esperanza ni sentido; no habría razón alguna para ser líder, ni para vivir. Tu amor es la vida misma.

Porque tú me amas, puedo devolverte ese amor sin temor. Porque tú me amas, puedo oír a tu Espíritu de verdad y hallar el camino correcto. Porque tú me amas, yo puedo guiar a otros.

Sé que me amas, y confío en ti.

TÚ QUIERES QUE HAGA BIEN LAS COSAS; QUE ESCOJA CON SABIDURÍA. QUIERES LO MEJOR.

Reflexiones

Normalmente, la oración consiste mayormente en hablarle a Dios, en público o en privado. Dios es el gran experto en escuchar, y por lo general, todo lo que queremos de Él, es que nos atienda.

Sin embargo, es muy distinto pedirle que me hable, de manera personal y directa, y después poder escucharlo y comprenderlo. Algunas veces, hablar con Dios es algo que causa espanto; el profeta Isaías estaba en lo cierto: Lo abiertamente aterrador es cuando Él me habla *a mí.*

Para tomarme el riesgo de confiarme al maravilloso Creador de todas las cosas, necesito estar seguro de que Él me ama. No sé con exactitud por qué necesito comenzar todos los acontecimientos de búsqueda espiritual profunda a base de recordarme a mí mismo que Dios me ama, y que puedo estar seguro de que me va a guiar. Simplemente, así es como pasan siempre las cosas. Cuando no lo hago, entonces acabo rápido con esta oración para comenzar a hablar de mis problemas y mis preguntas. Dios es comprensivo con esto, pero nunca puedo oír con claridad lo que está diciendo.

Para buscar la orientación que da Dios, necesito comenzar por estar intensamente consciente de que puedo confiar con toda seguridad en su amor por mí. Cuando estoy seguro de su amor, entonces me siento seguro al oír el suave sí o no que le pone punto final a la cuestión, la imagen de cómo las cosas podrían o deberían ser, las palabras orientadoras que se me quedan en la memoria, la comprensión profunda que termina dándoles significado a las cosas y me lleva a querer lo que es correcto. Mientras más me capacite Dios para querer las cosas correctas, más libertad tendré para confiar en mí mismo y guiar como poderosa expresión de la persona que soy.

Acción

Señor, no estoy seguro de lo que debo hacer, pero allá voy. Te ruego que hagas que todo salga bien.

Los líderes viven para la acción. Es nuestro punto fuerte y nuestra atracción fatal. Los resultados determinados de antemano, no necesitan de líderes y, por consiguiente, no atraen. Existimos para la aventura en la que vemos la poderosa mano de Dios.

Y sabemos que a los que aman a Dios, todas las cosas les ayudan a bien, esto es, a los que conforme a su propósito son llamados.
Romanos 8:28

Señor, cuando te sigo me siento un poco perdido la mayor parte del tiempo. Pero eso tiene sentido. No soy yo quien te voy guiando a ti, sino que eres tú quien me guías a mí.

Si quiero una certeza completa, no puedo esperar que me guíe tu Espíritu. No puedo saber qué va a suceder después, ni exigir que se me entregue el control. Y sé que seguirte a ti, es la única forma de hacer unos cambios grandes y hermosos en el mundo.

No puedo controlar lo que suceda por fuera, pero por tu gracia, puedo conocerme a mí mismo cada vez más. Ayúdame a saber quién soy y cómo les doy sentido a las acciones y los sucesos que se producen a mi alrededor. Que mi riqueza, poder y sabiduría capaciten a otros para que tengan éxitos extraordinarios. Sé que me puedo dar gratuitamente, porque en la economía del Espíritu, tú siempre vas llenando mi tinaja de aceite.

Sé cuando te estoy escuchando, porque tu Espíritu me da ánimo, me señala hacia la verdad, me deja decidir y me pide cuentas. Y tú te las arreglas siempre para que las cosas salgan bien. Proporcionas los recursos necesarios: sabiduría, fortaleza, tiempo, ayudantes, dinero, habilidades y todas las cosas imprevistas que de todas formas yo nunca habría podido planificar. Lo más maravilloso de todo es que redimes mis errores. Tejes algo bello con mis hilos rotos y enredados, no por mi reputación o mi ego, sino por el bien común. Ayúdame, Señor. La gente que yo guío se siente más insegura que yo. Confían en mí, pero saben que algunas veces cometo errores.

He hecho cuanto análisis, consulta, reflexión, planificación, comprobación y oración he podido hacer en el tiempo del que disponía. Nunca hay suficiente información, y siempre hay opiniones y prioridades que entran en conflicto. Yo no lo puedo resolver todo, pero esto es lo que parece mejor.

¿Me quieres decir algo más? Es hora de actuar. Espero que esto sea lo correcto para todos los involucrados. Ahora, todo depende de ti.

No estoy seguro sobre qué debo hacer, Señor, pero allá voy. Te ruego que hagas que todo salga bien.

SEGUIRTE ES
LA ÚNICA
FORMA DE
HACER UNOS
CAMBIOS
GRANDES Y
HERMOSOS EN
EL MUNDO.

REFLEXIONES

Los que seguían a Jesús en la carne estaban tan confundidos e inseguros como nos sentimos nosotros con frecuencia. Él les contestaba sus preguntas con unas ilustraciones ambiguas y con más preguntas. No era quien ellos habían planeado que fuera. Era mucho más. El gran final no fue lo que ellos habían esperado. Fue mucho mejor. Su sendero se iba retorciendo a lo largo de un terreno desigual durante la oscura noche, y estaban perdidos hasta que rompió el alba y descubrieron dónde habían estado. Ya para entonces, estaban solos, guiados solo por la relación que habían conocido y la verdad que habían llegado a creer. Eso bastaba. Ya estaban listos para ser líderes.

Cometieron errores. Todos los líderes los cometen. Los perfeccionistas no sirven para líderes. Los verdaderos creyentes, imperfectos y apasionados, son los que guían a los demás. Nos recuerdan que no nos podemos quedar sentados para siempre, y que mientras no actuemos nosotros, Dios no tiene nada con qué actuar. Los líderes viven en una aventura continua, siempre mirando hacia delante, siempre inventando, siempre convenciendo, creando un ambiente de confianza entre aquellos a los que guían, pero sin manera alguna de estar totalmente seguros. Para los líderes, cada ocasión es la primera.

Más tarde, cuando se levante la neblina, veremos por dónde hemos estado vagando, los peligros por los que hemos pasado, los milagros, las cosas valiosas de la gracia divina que no andábamos buscando. Guiar por medio del Espíritu significa depender de que Dios haga que las cosas salgan bien. La certeza de ver, viene después de la acción de creer.

Los temerosos preguntan: "¿Está seguro de que esto va a funcionar?"

La respuesta sincera es: "No, pero de todas formas necesitamos seguir adelante".

DELEGACIÓN

No puedo hacer esto solo, Señor.
¿Quiénes son los líderes a los
que debo seguir sinceramente?

Dios toma del espíritu que está en el líder y lo pone en los seguidores.
Números 11:17
(paráfrasis del autor)

La forma más elevada de delegación es poner el manto del liderazgo sobre la gente clave para unas metas concretas, y después, seguir a esa gente.

Mis conocimientos solo llegan hasta un punto, Señor, y lo mismo pasa con lo que puedo hacer. Si esta organización se limitara solo a mis capacidades, quedaríamos muy por debajo del potencial que tendríamos juntos, y no realizaríamos la visión que tú tienes para nosotros.

Ayúdame a identificar a otros líderes que puedan colaborar en este esfuerzo. Capacítame para ver lo que cada cual puede hacer mejor; muéstrame la forma de reclutarlos e indícame cuál es la responsabilidad correcta para cada una de las personas.

Cuando delegue, te ruego que me des la valentía suficiente para soltar el control y seguir.

A veces siento que ser líder tiene que ver sobre todo con saber seguir, con saber decidir cuál es la mejor persona a quien seguir en algún aspecto particular. Confío en que tú aguces mi intuición y sensibilidad, de manera que escoja la gente correcta y delegue bien.

Señor, qué irónico es que mientras más tiempo y mejor guío, más dependo de las capacidades y la experiencia de otros. En todas las tareas que es necesario hacer, hay siempre otra persona que es mejor que yo. Me guían en ciertos aspectos. Les tengo que confiar a ellos nuestro éxito, de manera que necesito confiar en que tú me guiarás al seleccionarlos.

Necesito que me capacites para lograr que sea la persona correcta la que se responsabilice con cada meta. ¿Quién tiene la situación vital, los dones espirituales, los talentos naturales, los intereses y la motivación correctos? ¿Quién es mi líder en este aspecto, Señor?

Ayúdame a tener claridad con respecto a las metas distantes, y a quiénes son los que tienen que hacer cada una de las cosas necesarias para alcanzarlas. Cuando yo hago esto bien, el espíritu de aquel en quien delego, responde con celo. Mi propio espíritu se regocija, y sigo a esa persona con toda tranquilidad.

Por tu gracia, mi liderazgo no va ni a resaltar ni a restringir la obra de tu Espíritu en aquellos que son líderes junto conmigo, haciéndolos ni más ni menos eficaces. Aquéllos a quienes decida seguir, causarán un profundo impacto en los resultados de la organización, y también causarán un profundo impacto en mí mismo.

Señálamelos, y haz de ellos mejores líderes que yo.

No puedo hacer esto solo, Señor. ¿Quiénes son los líderes que debo seguir?

MIENTRAS MÁS TIEMPO Y MEJOR GUÍO, MÁS DEPENDO DE LAS CAPACIDADES Y LA EXPERIENCIA DE OTROS.

REFLEXIONES

Aprendí de Bill Pollard la esencia de lo que es delegar. Antes de sus años como líder ejecutivo con la Corporación Service Master, fue vicerrector del Colegio Universitario Wheaton. Un año, durante el otoño, el director de los sistemas de computadoras renunció de repente en el momento en que comenzaba el curso escolar. Llegó noviembre, no se había hallado quién lo reemplazara y el nivel de frustración crecía con rapidez. Entonces, Bill me llamó para proponerme que ocupara ese puesto. En aquellos momentos era profesor de español.

Alegué que era muy ignorante en cosas técnicas, pero él me explicó que podríamos resolver los problemas técnicos, una vez resueltos los problemas con la gente y los sistemas. Calculé que si él tenía la valentía suficiente para ofrecerme el puesto a mí, yo tendría que ser valiente también e intentarlo. Sospechaba que ninguno de nosotros comprendía lo poco que el otro sabía sobre los sistemas de computadoras.

Él me dijo con claridad que toda la institución dependía del sistema de computadoras, que sus usuarios estaban enojados, y que yo me tenía que encargar de poner orden en aquel caos. Me hizo sugerencias, exigió informes sobre los progresos, y esperó resultados; siguió mi liderazgo y me apoyó, hasta el punto de liberar personal y crear normas. Yo respondí a su manera total y maestra de delegar, trabajando, aprendiendo, creciendo y produciendo como nunca antes.

Bill Pollard es un hombre de Dios y un poderoso líder. Dudo que haya dicho jamás que fue seguidor de Rich Kriegbaum en ninguna cosa. Pero conmigo, fue mejor de lo que se imaginaba. Delegó, y desarrolló mi liderazgo desde su posición de seguidor.

Pérdida

Señor, sana estas heridas.

Muchas veces los cambios hieren a la gente, y el líder que dirige esos cambios tiene una razón única para permanecer cerca de los heridos.

Yo soy Jehová tu sanador.
Éxodo 15:26

Señor, esta organización se halla perpetuamente en el camino hacia el futuro: reubicación, reorganización, revisión, reestructuración, remodelación de las herramientas, reinvención. Y todo este cambio tiene por consecuencia una interminable cadena de contusiones, dislocaciones, heridas, tensiones y rompimientos. Comoquiera que los haga, y por necesarios que sean, todos los cambios hieren a alguien. Consuélame, Padre, de manera que tu sanidad pueda fluir hacia aquellos a quienes dirijo.

Es mucho el dolor que hay en este mundo, Señor. Hay tanta pérdida de salud, energía, amor, oportunidad, felicidad, seguridad y recompensa merecida. Estas heridas son muy reales. Muchos de nosotros trabajamos heridos todos los días; es un milagro que logremos tanto. Tócanos, Padre. Consuélanos. Sánanos. Sé que tú amas a cada uno de nosotros; incluso a los que deciden vivir lejos de ti, o se hieren ellos mismos sin necesidad.

La pérdida que no podemos controlar es ya suficientemente mala, Señor, detesto de una manera especial cuando nos hacemos el daño nosotros mismos. Tratamos de funcionar como una familia, pero cuando los miembros de la familia se hieren unos a otros, es peor que si no nos quisiéramos en absoluto. La preocupación de los unos por los otros nos une; la angustia se hace más intensa cuando se hieren los sentimientos y se cortan las relaciones. Necesitamos tu sanidad.

Tratamos de trabajar como un cuerpo, y todos sufrimos cuando uno de nosotros tiene un problema. No parece importar cuál problema sea, porque el dolor se extiende a los demás. Sufro con los que sufren, pero por el bien de todos, necesitamos seguir adelante. Sánanos.

Las separaciones nunca parecen terminar. Trabajamos muy duro para evaluar, escoger e integrar gente en la organización. Entonces, cuando uno de ellos nos tiene que dejar, nos duele de verdad. Aunque creamos que tú has llamado realmente a esa persona para servir de otra forma, seguimos doliéndonos por la pérdida de esa relación.

Y lo peor de todo es despedir a alguien, Señor. Cuando le tengo que decir a alguien que no se ajusta a las necesidades de la organización, o que no le podemos pagar, se siente traicionado. Cuando se nos unió, yo le dije lo importante que era, y ahora, no importa la manera en que lo diga, porque mi mensaje le hace sentir que no tiene importancia alguna... ni para nosotros, ni para nadie. Tal vez no sea importante ni siquiera para ti.

Estamos haciendo cuanto podemos para cubrir esas pérdidas humanas, pero más allá del dinero, el tiempo y las palabras bondadosas, siguen existiendo una pena y un dolor que es necesario que tú sanes. Ten misericordia de todos los dolores y temores que hay en medio de nosotros, incluso del dolor que nos hemos causado a nosotros mismos.

Señor, sana estas heridas.

TODOS SUFRIMOS CUANDO UNO DE NOSOTROS TIENE UN PROBLEMA.

Reflexiones

Por mi posición de líder, tengo que pasar mucho tiempo en funerales de todo tipo: la muerte de un cuerpo físico, la muerte de un matrimonio, la muerte de una amistad, la muerte de una profesión, la muerte de un departamento o un equipo, la muerte de un sueño, de una esperanza, de una leyenda.

Aunque muchas veces es poco o nada lo que puedo hacer, me necesitan cuando se producen las crisis humanas y organizativas. Mi preocupación crea mi credibilidad.

Junto a una tumba, me presento en nombre de todos los que forman la organización, guiando a través del silencio y las tinieblas con un abrazo, un momento de contacto visual directo, o solo mi presencia. De alguna forma, en un proceso misterioso que solo es conocido en lo más profundo de nuestro espíritu, fluye algo de la sanidad de Dios.

Algunas veces presencio la agonía de la gente cuando, sin desearlo, llegan al final de su servicio dentro de la organización. Sin estar realmente listos para retirarse, o tal vez porque se les ha despedido, sufren las heridas de la separación cuando el cuchillo corporativo corta la carne de los lazos y los sentimientos humanos, que son tan reales como palpables.

Todo cambio corporativo tiene un precio humano que es tan real como el precio de las enfermedades, las lesiones y las pérdidas personales. El hecho de guiar a la organización a través de los cambios, me pone cerca del dolor. Y si fui yo quien ayudó a producir ese dolor, lo menos que puedo hacer es hallarme presente para bendecir la sanidad con oración.

Sucesión

Señor, yo no soy eterno. ¿Dónde están los que me van a reemplazar?

Entonces [Jesús], llamando a sus doce discípulos, les dio autoridad.
Mateo 10:1

Tan pronto como se anuncia la visión, el líder debe comenzar a planificar y seleccionar su sucesión, tal como lo hizo Jesús.

Ayúdame a recordar, Señor, que me pueden asignar a otro puesto, neutralizar o eliminar por mil razones distintas en cualquier momento. Mi liderazgo es precario, y cuelga del hilo plateado de la confianza que tiene la gente en mí. Son incontables las cosas sobre las cuales no tengo control alguno, que pueden llegar a romper ese hilo, entre ellas, que tú me llames a otra parte, y habré desaparecido.

Pero ellos necesitan un líder y, cuando yo ya no esté, necesitarán tener otros a quienes acudir, otros en quienes confiar, y que les puedan decir la verdad. Muéstrame aquellos que pueden ser líderes después de mí, y mejor que yo. Despierta mi espíritu cuando estén cerca, aviva mi corazón cuando sienta su poder, y abre mis ojos para que vea el efecto especial que tienen en la gente.

Protégeme de dedicarme a conservar mi propia posición o poder o perspectiva, a expensas de los futuros líderes. Cuando ellos señalen dónde no he dirigido bien, calla mi boca y abre mi corazón. Ayúdame a hacer que se sientan seguros intentando cosas nuevas. Déjame tocar el espíritu de aquellos que tienen corazón de siervos. Los quiero conocer y amar, y ver cómo su energía fluye hacia quienes los rodean. Los quiero reclamar para esta obra y orar hasta que se hallen en su puesto.

No voy a tener el privilegio de escoger a mi sucesor. Otros lo van a decidir. Pero sí puedo preparar líderes, y ayudar a la organización a estar lista para ellos.

Muéstrame los que significan para mí un desafío, los que tienen más libertad y una fe más fuerte que yo. Señálame aquellos que aman a la gente mejor que yo, los que son líderes porque tienen un interés real en la gente. Haz que los gigantes espirituales sean visibles para mí. Ayúdame a notar a los que atraen a unos amigos leales y de gran calidad.

Ayúdame a distinguir entre el seguro y el arrogante; entre el humilde y el vacilante. Revela a los fuertes que pueden llevar sus propias cargas, y también las cargas de otros. Permite que haya tiempos difíciles que les concedan el éxito a aquellos que se nieguen a darse por vencidos. Ayúdame a hacer avanzar a los líderes del futuro.

Señor de misericordia, no permitas que me quede en este puesto ni un día más de los debidos. Y no permitas tampoco que esto se venga abajo después que yo me vaya.

No soy eterno, Señor. ¿Dónde está mi reemplazo?

PUEDO PREPARAR LÍDERES, Y AYUDAR A LA ORGANIZACIÓN A ESTAR LISTA PARA ELLOS.

REFLEXIONES

En junio, después de doce años en la Universidad Fresno Pacific, viajé en auto con mi esposa Elona hasta la costa para nuestro día anual de reflexión sobre si el año fiscal que estaba comenzando debía ser el último en mi papel de rector. Aquel día, como siempre, pasé tiempo en cada uno de los elementos de la oración sobre la sucesión. Me pregunté si lo que aún había que hacer, hacía arder el fuego en mi interior. Me imaginé a otros líderes en mi lugar. Volví a vivir mis éxitos y me enfrenté a las cosas que me habían salido mal, o había dejado sin hacer. La institución estaba madurando hermosamente, yo sentía que mi liderazgo en desarrollo podía satisfacer las necesidades que estaban surgiendo. Me pregunté dónde nos hallábamos Elona y yo en nuestro peregrinar como personas y como pareja.

Hacia el mediodía, tuve que admitir que no tenía paz en cuanto a continuar. Los años que tenía por delante parecían maravillosos; pero ya no me podía ver a mí mismo como rector. Ambos, permanecimos aturdidos y silenciosos. En las semanas siguientes, comenzamos a ver que Dios había terminado lo que nos había llamado a hacer allí, y renuncié en octubre. Fue la decisión más difícil —y más importante— de todo el tiempo que ocupé mi cargo. Los años posteriores confirmaron que había tenido razón. Fue bueno para la universidad, y también para mí. La sucesión en el liderazgo depende mucho de la forma en que salga el que ocupa el cargo, y una buena salida depende de una oración intencional.

Esperanza

Tú eres el Dios de la esperanza.
Dame algo a qué aferrarme.

Aunque se nos ha prometido un gran final, necesitamos esperanza para el camino. Mientras tengamos esperanza, habrá un futuro. Puesto que el liderazgo es para el futuro, los líderes son negociantes de esperanza.

Los que esperan a Jehová tendrán nuevas fuerzas.
Isaías 40:31

La falta de esperanza nos mata, Señor. Normalmente nuestras metas son las que nos llenan de energía, pero no cuando pensamos que son imposibles. Entonces nos llevan arrastrados como cadenas de muerte hasta que las podamos romper. Tenemos que ser sinceros los unos con los otros. Necesitamos la realidad, y no la fantasía, pero tenemos que tener esperanza en algo, y tiene que ser algo que valga la pena.

Si perdemos toda esperanza, nunca sabremos si habríamos podido triunfar... y fracasaremos. No le puedo decir a esta gente que tenga esperanza en algo que yo no creo posible. ¿Se ha acabado todo, o hay algo aún que yo no veo? ¿Ha llegado el final, o queda otro camino por recorrer? ¿Qué es lo que no he tenido en cuenta? ¿Qué tienes tú entre manos?

Voy a soltar esta esperanza, si eso es lo que debo hacer, pero no la quiero soltar demasiado pronto. Si tienes una sorpresa de gracia escondida en alguna parte, de veras que parece que necesito alguna pista sobre ella en estos momentos. La gente sin esperanza no es capaz de caminar ni siquiera lo suficiente para tropezar con tu solución. Estamos a punto de echarlo todo a rodar.

No se trata de una crisis de fe, Señor. Aún creemos en ti. Confiamos en ti. Es una crisis de esperanza. Estamos a punto de deslizarnos en el desespero, y necesitamos una base para la esperanza.

Cuando proclamamos esta esperanza en fe, sabíamos que era un reto muy grande. Por eso necesitábamos una esperanza grande, y esa esperanza grande nos dio gran energía y firmeza. Por fe, he seguido adelante, diciéndoles que todo saldría bien, afirmando que todo se resolvería.

He estado en este punto en otros momentos contigo, Señor. Creo que puedo seguir caminando en fe para siempre, y habrá otros que confiarán en mí, y me seguirán... por un tiempo. Pero al final, necesitarán tener alguna esperanza sólida; algo que puedan aceptar ellos mismos con sinceridad; alguna razón para seguir adelante hasta que lleguemos a la meta.

No necesito esperanza cuando puedo ver la meta, pero en estos momentos no puedo ver nada, Señor. Por eso, todo lo que tengo es la esperanza.

Tú eres el Dios de la esperanza. Dame algo a qué aferrarme.

EN ESTOS MOMENTOS NO PUEDO VER NADA; POR ESO, TODO LO QUE TENGO ES LA ESPERANZA.

Reflexiones

Cuando comencé a trabajar en la Universidad Fresno Pacific, mucha gente se había acostumbrado a los déficit anuales y se imaginaba que gastar un poco más, no cambiaría las cosas. Una vez terminado el año con un saldo positivo —aunque escaso—, casi todo el mundo se dio cuenta de que las cosas pequeñas son importantes. Entonces, trabajaron duro para controlar los gastos, mientras pensaban que había una esperanza razonable de terminar el año con un saldo positivo nuevamente.

Si se corría la voz de que lo más probable era que tuviéramos un déficit, hiciéramos lo que hiciéramos, muchos perdían las esperanzas y tendían a gastar con menos preocupación. Su razonamiento estaba determinado por el hecho de que hubiera o no una esperanza realista de alcanzar la meta. Los valores de la comunidad tenían tal fuerza que, mientras hubiera alguna esperanza, la mayoría de la gente estaba dispuesta a sacrificarse para tratar de alcanzar una meta importante. Tenían dudas, pero seguían teniendo esperanza.

En todas las situaciones de liderazgo hay riesgos. Si la adversidad y el riesgo del fracaso no fueran reales, la satisfacción del éxito tampoco sería real. Porque hay riesgos, hay gente que pierde la confianza y comienza a dudar. Pero las personas pueden lograr grandes cosas, a pesar de tener dudas.

Hay una diferencia entre la esperanza y la confianza. Lo opuesto a la esperanza es el desespero. Hay muy pocas personas que pueden hacer grandes sacrificios si carecen de esperanza. El equilibrio entre la esperanza y la realidad es una de las artes básicas del liderazgo. Tratamos de inspirar confianza. Si la confianza se vuelve imposible, entonces, por lo menos que haya esperanza. Si el éxito no es *probable,* que por lo menos sea *posible.*

Bendición

Padre, necesito tu bendición.
Demuéstrame que soy verdaderamente importante para ti.

¿Le importan realmente a Dios nuestros esfuerzos? El líder trata de influir en la organización para llevarla a unos logros importantes, pero por encima de todo, trata de asegurarle la bendición de Dios, haya o no haya otras medidas de éxito.

La bendición de Jehová es la que enriquece.
Proverbios 10:22

Lo mejor que te puedo ofrecer, Señor, es un trabajo sobresaliente; una adoración sincera. Tú eres perfecto, y lo mejor de lo mío sigue siendo miserable comparado con tu obra. No merezco tu favor, Señor. No me puedo ganar tu bendición sobre mi obra, mi vida o esta organización, por bueno que yo sea. Con todo, mi corazón anhela darte presentes de amor que vas a apreciar, y quiero recibir tu bendición.

Lo que yo estoy haciendo les parece importante a muchos, pero los elogios humanos me pueden engañar. Señor, no me abandones; no quiero vivir a base de la bendición humana solamente, y perderme la tuya. Ayúdame a conocer la diferencia entre el éxito y la bendición.

Lo que me importa es si realmente yo te importo. ¿Es esto lo más importante que debo estar haciendo? ¿Estoy caminando en el sentido correcto? ¿Lo estoy haciendo de una forma que te agrada? Mi trabajo no le añade nada a tu bendición, y esa bendición lo es todo para mi trabajo.

Sé que no todas tus bendiciones son agradables. Si no guío a esta organización por el rumbo debido, entonces, bendíceme con la señal de que debo corregir ese rumbo, por dura que sea esa bendición. La aceptaré como un favor verdadero y amoroso tuyo, derramado sobre mí y sobre aquellos a quienes guío.

Conviérteme en un medio de tu gracia para la gente a la que dirijo; en una bendición tuya para ellos. No permitas que haya nada en mi persona ni en lo que hago, que interrumpa el fluir de tu bendición sobre ellos. No permitas que yo impida que tú bendigas a esta organización, siendo o haciendo algo que deshonre tu nombre.

Dame a conocer tu favor especial, ya sea en tus bendiciones agradables, o en las desagradables. No importa lo que yo pueda pensar de mí mismo, o lo que puedan decir los demás...

Demuéstrame que te importo de verdad. Necesito tu bendición, Padre.

AYÚDAME A CONOCER LA DIFERENCIA ENTRE EL ÉXITO Y LA BENDICIÓN.

REFLEXIONES

Un amigo que es pastor, me contó que cuando era niño, uno de sus tíos le ponía a veces su inmensa mano sobre la cabeza y lo despeinaba cariñosamente. Era una bendición silenciosa, tan apreciada, que mi amigo recuerda cómo se le acercaba con la esperanza de recibir aquella atención especial. El toque de aquel hombre le recordaba al niño que reconocía su presencia, y que lo tenía en cuenta. Toda una vida más tarde, la bendición seguía obrando su ministerio de apoyo.

En el fin de semana en que vuelven los antiguos alumnos, asistí a un almuerzo de los que se habían graduado en los primeros años del medio siglo que llevaba operando la institución. Escuché sus recuerdos y dije unas cuantas palabras como rector.

A la semana siguiente, la organizadora me visitó en mi oficina. Me manifestó su gratitud de una manera muy sencilla: "Gracias por bendecirnos. Usted nos hizo sentir que aún somos importantes".

Todos le buscamos significado a la vida; la sensación de que Dios se agrada en lo que somos y lo que hacemos; el resplandor de la bendición divina. En las organizaciones y los movimientos, se puede producir de diversas formas, pero siempre debe ser capaz de llegar a través del líder. Tanto si se trata de un comité, como si se trata de una nación, los seguidores sabios deben escoger líderes a través de los cuales Dios los pueda bendecir.

El Padre celestial tocó a su Hijo y le dijo al mundo: "Tú eres mi Hijo amado; en ti tengo complacencia" (Lucas 3:22). Hasta el Hijo de Dios necesitaba bendición. Sin ella, ninguna otra cosa importa. Con ella, no hay milagro que sea imposible.

Temor

Tengo miedo de que no hagas lo que yo esperaba, Señor. Dame tu paz.

De vez en cuando, los temores del líder son un pánico puro o un terror desmoralizante. Pero para la mayoría de los líderes, casi siempre el temor no es un terror paralizante; es una inquietante ansiedad en la que se pregunta si las cosas van a salir como parece que deberían salir. Básicamente, es el temor al fracaso.

No temas, porque yo estoy contigo; no desmayes, porque yo soy tu Dios.
Isaías 41:10

Te he dicho muchas veces, Señor, lo que mi corazón anhela. Quiero que toda nuestra investigación y planificación, nuestras esperanzas y sueños, nuestro trabajo extra y nuestros sacrificios, nuestras oraciones y nuestra motivación sincera produzcan grandes resultados. Quiero que triunfemos.

Quiero que alcancemos la meta que nos fijamos; quiero que la superemos. Quiero que todas estas personas compartan conmigo el clamoroso éxtasis del triunfo. Quiero que se sientan seguros y crean en sí mismos y en la forma en que hemos hecho las cosas.

Por encima de todo, quiero que crean en ti. Quiero que diga la gente: "¡Esto es asombroso! ¡Mira lo que hizo Dios aquí!" Quiero que la gente te alabe a ti por estos logros, porque sabe que estoy tratando de hacer lo que tú quieres.

Pero me pregunto si lo vas a hacer.

Hablé contigo acerca de esto durante todo el camino, e hice cuanto pude por comprender lo que querías que hiciéramos. Con todo, me preocupa que hagas algo más; algo inesperado. Sabes que no me conformo sino con lo mejor para nuestra organización. Pero, ¿qué va a suceder si esto fracasa?

Tal vez tengas lecciones que necesites enseñarme por medio del fracaso. Tal vez el proceso sea más importante que los resultados. Tal vez esto solo sea una pequeña parte de algo mayor que aún no se puede ver. Tal vez el éxito nos lleve a unos problemas que yo no puedo prever.

No temo a las posibilidades, ni a la competencia; confío en tu poder. No tengo miedo de que me vayas a herir; confío en tu bondad y sabiduría. Le tengo más miedo a salir avergonzado. Tengo miedo al fracaso. Me va a hacer sentir como un tonto, Señor, y los demás van a dudar de mí.

Si esto falla, tal vez necesite hacerme a un lado. Tal vez tú me estés indicando que necesitamos que otro nos dirija. No permitas que esto fracase por culpa mía. Quítame del medio si lo tienes que hacer, Señor, pero haz que esta gente conozca el éxito.

Tú eres mi Dios, esta es tu obra, y yo sé que a ti te interesan nuestros éxitos y fracasos. Te voy a entregar mi temor, si tú me das tu paz. Lo admito...

Tengo miedo de que tú no hagas lo que yo espero, Señor. Dame tu paz.

QUIERO LO MEJOR PARA MÍ Y PARA ESTA ORGANIZACIÓN. PERO, ¿Y SI ESTO FRACASA?

REFLEXIONES

El comienzo de la sabiduría en el líder es el temor del Señor; el reconocimiento de que, aunque nosotros nunca podremos controlar, ni tampoco predecir lo que Dios hace, debemos seguir siendo líderes de todas formas.

Jesús les dijo a sus discípulos que subieran a una barca y remaran de noche hasta el otro lado del gran lago. Ellos hicieron exactamente lo que Él les había indicado, y casi de inmediato los azotó una tormenta de viento tal, que no podían avanzar.

Exhaustos en medio de su catástrofe nocturna, los discípulos se quedaron paralizados de espanto cuando Jesús se les apareció, caminando hacia ellos como un fantasma sobre el agua. Pedro estuvo a punto de ahogarse cuando Jesús lo invitó a caminar sobre el agua. Después de todas aquellas dificultades, Jesús calmó la misma tormenta que había estado impidiendo que los discípulos hicieran lo que Él les había ordenado.

Cuando Dios nos da una meta, es natural que esperemos de Él que nos ayude a triunfar, y no que nos envíe una tormenta para que nos bloquee. Remamos como locos durante toda una noche, tratando de llegar a la meta en la distante orilla, y sin pensar demasiado que tal vez Dios nos venga al encuentro en el camino.

Seguir a Dios no siempre es un logro limpio y pulcro. Con frecuencia, es una confrontación humillante —incluso temible— con lo inesperado y lo incontrolable. El liderazgo tiene que ver con la cualidad de confiar en los grandes propósitos de Dios con respecto a la vida de los que actúan. Los que se quedaron durmiendo en la orilla aquella noche, se perdieron toda la aventura.

Agotamiento

Señor, estoy agotado.
Mi espíritu está cansado.
Necesito tu fortaleza renovadora.

El llamado de Dios
siempre viene
acompañado
de su capacitación,
pero nuestros límites
humanos son reales,
y es necesario respetar
el agotamiento
de los líderes con una
sincera humildad.

Él da esfuerzo al cansado,
y multiplica las fuerzas al
que no tiene ningunas.
Isaías 40:29

Cuando sentí por vez primera que el llamado al liderazgo se estaba adueñando de mi corazón, Señor, comencé a sentir también que iba entrando en mí tu fortaleza tan especial. La carga del líder es muy fuerte en mí, pero también lo es el don correspondiente del poder divino que tú me das. Ese poder siempre ha confirmado mi llamado, y fortalecido mi seguridad al actuar como líder.

Estoy asombrado —y así lo están todos los demás a veces— de lo que puedo hacer y de lo ligera que se siente esta carga. Se me ajusta con toda comodidad, me encanta y te doy las gracias por ella. Algunas veces, tal parece que no hay nada imposible si tú me das fortaleza para desempeñar este papel.

Pero, a pesar de la visión que me da energía, y del poder de tu Espíritu, estoy agotado. Traté de hacer más de lo que mi cuerpo y mi mente podían realizar. No mantuve unos límites sanos para mí mismo, y acepté más de lo que podía hacer de manera sobresaliente. Cuando me conformo con lo normal, se me van las fuerzas, Señor.

Actué como si no pudiera confiar en que tú nos dieras el éxito que yo anhelaba, y por el cual oraba. Actué como si yo lo tuviera que hacer todo. Lo quería, tanto si lo querías tú, como si no. En medio de todo esto, te falté al respeto, ocupando presuntuoso tu lugar.

Con una confianza exagerada en mí mismo, trabajé como si no tuviera limitaciones humanas. Lo siento, Padre. En estos momentos me estoy sintiendo muy humano, y veo con mayor claridad mis límites. Le pido a tu Espíritu que me guíe de regreso a mis límites correctos, no para mi alivio o comodidad, sino para que pueda guiar con una fe humilde.

Tú me prometiste la fortaleza que me haría falta para ser líder, y no te creí. Traté de ir más allá de las fuerzas que me diste, y me he agotado a mí mismo. Soy un tonto sin fe.

La adversidad me ha agotado. Me han agotado unas implacables expectaciones. Me ha agotado el que no tenga vida propia fuera de la organización. Estoy agotado de tanto explicar las cosas una y otra vez, y agotado de actuar como si estuviera alegre y con una mentalidad positiva, cuando en realidad me siento cansado y confundido.

No siempre ha sido así. Hubo un tiempo en que el esfuerzo era gozoso, casi jubiloso. Creo que puede volver a ser así, si soy capaz de aprender de tu Espíritu la forma de caminar humildemente contigo, en lugar de lanzarme con orgullo delante de ti.

TRATÉ DE IR MÁS ALLÁ DE LA FORTALEZA QUE ME DISTE, Y LO QUE HICE FUE AGOTARME.

Te ruego que me des toda la fortaleza que necesito para ser un buen líder, y con eso me contentaré. No voy a tratar de lograr a la fuerza los resultados que yo quiero. Lo confieso...

Estoy agotado, Señor. Mi espíritu está cansado. Necesito tu fortaleza renovadora.

REFLEXIONES

Mi itinerario típico en un día de trabajo consiste en levantarme temprano y hacer las cosas que acostumbro por la mañana: orar, afeitarme, hacer ejercicio y tomar una ducha antes de desayunar frutas. Entonces, me pongo el traje de rector, o de consultor, con corbata y todo.

Algunas veces, cuando va llegando la noche, me aflojo la corbata, pero he aprendido a arreglarla de nuevo antes de salir de mi oficina. Aunque hay gente que se ve espontánea y segura con la corbata suelta, a mí me da aspecto de cansado y rendido. Hasta la apariencia de agotamiento en el líder crea una organización cansada.

El verdadero agotamiento no aparece cuando trabajo mucho y fuerte, sino cuando intento hacer algo para lo cual no estoy bien preparado, o trato de hacer más de lo que Dios me hizo capaz de hacer. Es posible que cometa el error de agotarme por inseguridad, o por adicción al trabajo, o por alguna otra compulsión. Cualquiera que sea la causa, cada vez que trato de conseguir a la fuerza que las cosas salgan como yo quiero, en lugar de permitir que Dios haga su voluntad, alguien paga el precio.

Es mejor que Dios me permita "chocar con la pared", y no que sean otros los que sufran por mis excesos. Cuando esto suceda, no debo culpar a los demás, ni echarlo todo a rodar. Debo aprender de nuevo a caminar por fe dentro de los límites de mi verdadero ser y del verdadero llamado que me ha hecho Dios. Siempre estaré probando esos límites, pero también, siempre debo estar dispuesto a admitir con humildad mi agotamiento, y pedirle a Dios que me renueve, o me dé un nuevo rumbo.

Planificación

Dios de nuestro futuro,
muéstrame tu camino.
Haz que nuestros planes
sean sabios.

Dios tiene planes para prosperar a los suyos. Sus líderes humanos, trabajando bajo su llamado, también hacen planes, tratando de llevar los asuntos de este mundo a una conformidad mayor con el plan eterno y perfecto de Dios.

Porque yo sé los pensamientos que tengo acerca de vosotros, dice Jehová, pensamientos de paz, y no de mal, para daros el fin que esperáis.
Jeremías 29:11

Muéstrame el camino que tienes para nosotros, Señor. En todos los datos, hay esquemas que yo debo reconocer. Entre los numerosos indicadores, hay sabias direcciones que debo escoger. Por tu gracia, debo atravesar con mi vista la nebulosa confusión para captar un destello de la tenue luz lejana. Ayúdame a escoger el sendero correcto y caminar hacia la marca debida. Si estoy equivocado, podríamos quedar destruidos. Guíame.

La sabiduría sola no hace de forma automática que nuestros planes sean fáciles de adoptar, o de poner en práctica. Es inevitable que una planificación prudente nos exija actuar antes que sea totalmente evidente que necesitamos hacerlo. Para la mayoría de nosotros, eso va a ser difícil, y para algunos va a ser inquietante. La comodidad y la seguridad del presente, que nos costó tanto trabajo crear, va a tratar de seducirnos. La nostalgia del pasado nos va a tentar para que nos quedemos allí. Ayúdame a inspirarles el anhelo por nuestro futuro de la forma en que tú lo ves. Llévanos adelante, Señor.

Ayúdanos a soltar el presente por el cual trabajamos tan duro; el presente que te pedimos, de manera que podamos abrazar un futuro nuevo y mejor. Prepáranos para aceptar un poco de caos a corto plazo, a fin de que las cosas sean mejores a largo plazo; a tomar recursos que podrían alimentar nuestros puntos fuertes del presente y nuestro bienestar actual, y arriesgarlos por un futuro incierto.

En mi condición de líder, hablo a favor del futuro, y me encanta planificar para llegar a él. Pero esto es muy doloroso y amenazador para algunos. Ayúdame a usar el proceso de planificación para irlos llevando conmigo. Dame sabiduría para planificar, Señor.

Ayúdanos a movernos con rapidez suficiente para alcanzar nuestro futuro mejor y a tiempo para que signifique algo. Pero déjanos movernos con suficiente sabiduría para que todos podamos permanecer juntos. Nuestra herencia se encuentra aún en el futuro. Señor, ayúdanos a reclamarla. Estoy esperando que tu luz nos guíe.

Dios de nuestro futuro, muéstrame tu camino. Haz que nuestros planes sean sabios.

AYÚDANOS A SOLTAR EL PRESENTE, DE MANERA QUE PODAMOS ABRAZAR UN FUTURO MEJOR.

REFLEXIONES

El rector señaló hacia una gran caja que había en su aparador. "Necesitamos un plan institucional", explicó. "He estado coleccionando cosas en esa caja durante más de un año. Nuestro plan se encuentra en la caja. Quiero que lo encuentre y lo ponga por escrito para nosotros. Yo oraré por usted".. Lo dijo totalmente en serio.

Me pasé el verano entero en mi sótano con aquella caja —además de una gran cantidad de materiales adicionales—, creando el borrador inicial para discusión de un amplio plan para hacer progresar a la organización. El rector era un fuerte líder espiritual, pero no tenía corazón para meterse en la pesada faena de la planificación. Cuando le llevé el borrador, me dio las gracias y me confirmó que era cierto que había estado orando por mí.

Son incontables las ocasiones en que les he pedido a los participantes que describan la clase de líder que ellos personalmente seguirían. Ni uno solo me ha dicho jamás que el líder ideal debe ser un gran planificador. Lo que sí hace siempre es identificar la visión, tener esa destacada cualidad de poder describir la situación presente y el futuro que se desea de tal forma que inspire a la acción. No culpo a mi amigo rector por pedirme que le hiciera el borrador de su plan. Él entendía que hacía falta un plan, y se aseguró de que se desarrollara uno. Con el tiempo, la visión fue refinada, y con su apoyo, se convirtió en una maravillosa realidad. Estoy convencido de que sus oraciones capacitaron realmente al proceso de planificación para crear una cautivante visión que se convirtió en una nueva realidad corporativa.

Valor

Gracias por la sabiduría, Señor.
Ahora, dame valor para actuar.

A diferencia de los gerentes, los líderes aceptan una responsabilidad ilimitada en cuanto al bien general de la organización. Al hacerlo, aceptan también la responsabilidad por ciertas decisiones que no solo exigen sabiduría, sino también valor.

Esforzaos, pues, para hacerlo, y Jehová estará con el bueno.
2 Crónicas 19:11

Sabiduría ante todo, Señor. Siento como si estuviera caminando de puntillas entre la sabiduría y la necedad. O soy un genio, o soy un idiota. Estoy tan orientado a la actuación, que tuve gran valor para echarlo todo a andar después de ver todo el cuadro. Las cosas parecían más sencillas y más fáciles. El valor es más difícil ahora que lo estoy viendo todo de manera más completa. Ahora sí que necesito valor, Señor.

Parece sabio seguir adelante, pero sé que habrá que pagar un precio. Hay gente buena a la que respeto, que considera muy seriamente que deberíamos tomar una dirección distinta. Es posible que se enojen o se sientan heridos si sigo adelante. Tal vez pierda algunos buenos amigos y una buena cantidad del apoyo que reciben nuestra organización y nuestra misión... quizá para siempre. ¿Vale realmente la pena, Señor?

¿Por qué tienen que ser tan difíciles las cosas, si todos estamos tratando de hacer lo correcto? De veras que hice mi mejor esfuerzo por escuchar activamente las preocupaciones de los demás y explicarle con todo cuidado esto a todo el mundo. No obstante, aquí estamos. Si esto es de veras lo que debemos hacer, ¿por qué da la impresión de que va a dañar a la organización? ¿Es difícil esto porque yo estoy equivocado, o a pesar de que estoy en lo cierto? Si hago lo correcto —en el sentido moral y en el práctico—, me debería sentir bendecido. ¿Por qué no es así?

No se trata solo de mí, Señor. Todos los días, y en todos los niveles de la organización, la gente toma decisiones con consecuencias morales o éticas. Ayúdalos a saber qué es lo correcto ante tus ojos, y dales a todos el valor necesario para hacerlo todas y cada una de las veces.

A la larga, deberíamos prosperar por seguir este curso de acción. Pero no hay largo plazo, si no sobrevivimos al corto plazo. Voy a confiar en que este corto plazo en especial no nos destruya. Y si lo hace, voy a confiar en que tú nos ayudes a pasar también por todo eso.

Gracias por la sabiduría, Señor. Ahora, dame valor para actuar.

PARECE SABIO SEGUIR ADELANTE, PERO SÉ QUE HABRÁ QUE PAGAR UN PRECIO.

REFLEXIONES

Varias semanas antes que yo ocupara el cargo de vicerrector de Fresno Pacific, la oficina de asuntos económicos llamó para explicar que el sistema de computadoras de la administración había sufrido un colapso total. Yo llegué en julio. Ya en octubre habíamos evaluado nuestras opciones y preparado una recomendación para la convención de la iglesia y la reunión de los síndicos. Encontramos una computadora, un sistema de programas y un contrato de mantenimiento por un cuarto de millón de dólares.

El problema era que la institución había acumulado un déficit de operación por esa misma cantidad. Mi primera actuación pública como administrador, sería pedirle a una pequeña conferencia de iglesias que aprobara duplicar la deuda de un colegio universitario en dificultades del que algunos pensaban que se debía cerrar.

El valor no es una virtud absoluta. No se trata de que un necio valiente pueda guiar mejor que un sabio temeroso. Nosotros considerábamos que teníamos un plan tan sabio como lo permitían los tiempos y la situación, necesitábamos valor para proponerles una deuda mayor aún a unos dueños escépticos. Sabíamos que había gente poderosa que se nos opondría. La decisión podía destruir el colegio universitario si fracasaba.

El valor es tan contagioso como el miedo. Cuando se levantaron los defensores, aquella audaz proposición ganó apoyo y fue aprobada. Al llegar enero, estábamos saliendo del problema, y en junio llegó un donativo inesperado que equilibró el presupuesto y dejó fondos.

Dios honra la oración valiente, si sigue a la oración sabia.

Mercadeo

Nuestra imagen es todo lo que tenemos
en el mercado, Señor.
Haz que nos mantengamos sinceros
y protégenos.

El éxito de la organización depende de que haya suficiente gente en el intercambio mercantil con nosotros. Las decisiones de esas personas son determinadas por la forma en que perciben que les estamos ofreciendo la mejor solución posible a las necesidades que sienten. Deciden a partir de nuestra imagen. En función del mercadeo, la imagen lo es todo.

De más estima es el buen nombre que las muchas riquezas.
Proverbios 22:1

Es tan frustrante, Señor. Trabajamos tan duro... pero el que seamos los mejores —o tengamos las mejores ofertas— no garantiza nuestro éxito. Hacemos cuanto podemos para ser sinceros y creativos en todos nuestros mensajes de mercadeo, pero eso tampoco garantiza el éxito.

Es difícil tener éxito en este ambiente definido por los medios de comunicación, en los cuales la imagen es la realidad. El mercado actúa solo a partir de lo que percibe; no lo buenos que seamos en realidad, sino solo lo buenos que él piensa que somos. La mentira puede ser grande y descarada, o pequeña y sutil; pero suele durar lo suficiente para derrotar a la verdad. Señor, honra la verdad.

La verdad tiende a ganar a largo plazo. Ya lo sé, pero con demasiada frecuencia no hay tal largo plazo. No siempre la situación dura lo suficiente para que prevalezca la verdad. Estamos decididos a presentarnos en el mercado lo más hábilmente posible, Señor, pero haz que nos mantengamos sinceros. No permitas que nos deslicemos de ninguna manera en la exageración o el engaño. Danos pasión por hacer que la verdad sea convincente.

No me quiero estar quejando contigo si estamos perdiendo de manera justa en el mercado. Pero Señor, si hacemos las cosas bien y decimos la verdad, entonces confiamos en que tú protejas nuestra reputación y nuestro lugar en el mercado contra aquellos que nos querrían destruir injustamente. Te pido que hagas que nuestra imagen esté de acuerdo con la realidad.

No dejes que confunda mis pequeños prejuicios con la verdad de lo que necesita la gente en realidad, ni que confunda las necesidades que siente la gente con sus necesidades reales. Ayúdame a saber qué necesita la gente en realidad, para poderla servir bien.

Haz que nos mantengamos fieles a tus valores, Señor, tanto si parecemos estar teniendo éxito, como si no. Aunque permitas que una imagen no merecida se vuelva decisiva, yo voy a hacer lo mejor para honrarte en todo lo que hagamos como organización. Prefiero fracasar a deshonrar tu nombre.

Nuestro buen nombre solo importa si se halla bajo tu gran nombre. Señor, te pido que por tu providencia, tengamos en el mercado la imagen de ser los mejores en lo que estamos tratando de hacer y, que por tu gracia, esa imagen sea veraz.

Nuestra imagen es todo lo que tenemos en el mercado, Señor. Haz que nos mantengamos sinceros, y protégenos.

HAZ QUE NOS MANTENGAMOS FIELES A TUS VALORES, SEÑOR, TANTO SI PARECEMOS ESTAR TENIENDO ÉXITO, COMO SI NO.

REFLEXIONES

Nunca nadie ha proporcionado un ejemplo mejor de mercadeo, que Jesús. Él heredó una situación en la cual su movimiento, el reino de Dios en la tierra, había caído bajo el dominio de unos legalistas de mente estrecha que habían reducido sus majestuosos principios a un rígido conjunto de códigos de conducta. Su inspiradora orientación hacia el futuro se había convertido en una paralizante preocupación por la historia y las tradiciones. Su singular enfoque en las relaciones correctas con la gente y con Dios, había sido refractado hasta crearse una diversidad de castas sociales. Su imagen variaba desde el fastidio necesario hasta la irrelevancia.

En tres años, Jesús restauró el reino de Dios de una forma tan total en la mente de muchos, que cuando se marchó físicamente, el movimiento se extendió con gran rapidez, expandiéndose y madurando en su nueva forma y dirección. Esta hazaña no la realizó a base de vender, anunciar o promover; sino a base de invertir fuertemente en unas estrechas relaciones personales con un pequeño grupo de personas consagradas, cuya manera de pensar, Él transformó de una manera profunda. Fue un modelo constante de los valores del reino, y describió su verdadera naturaleza. Y por encima de todo, siempre comenzaba con cada persona en el punto de las necesidades que esta sentía: sus anhelos, temores y esperanzas. Entonces, la iba guiando hábilmente para que descubriera sus verdaderas necesidades y conociera su propio potencial.

La cautivante imagen nueva del reino atrajo a un amplio público también nuevo. Hubo detractores, falsos publicistas, imitadores baratos y alternativas a bajo precio, pero el reino prevaleció. Eso es lo que se llama un mercadeo perfecto.

Fracaso

Señor, esta vez sí que lo enredé todo.
¿Cómo me vas a sacar
de este apuro?

El líder sirve al Dios
de la redención, que
rescata nuestros errores
y pecados para
entretejerlos
en la urdimbre
de un hermoso futuro.

El que rescata
del hoyo tu vida.
Salmo 103:4

Tú eres el Dios de la redención. Eso es bueno, porque yo siento que soy el siervo de los desastres. Me da la impresión de que cometo más errores en una semana normal, que la mayoría de la gente en un año, y tú me ves cometerlos. Por supuesto, también me ves arriesgarme más. No conozco ninguna otra forma de ser líder.

Sin embargo, detesto sentirme culpable de que las cosas no marchen bien. Tú sabes que te traigo a ti los desastres que crean otras personas. Con todo gusto te dejo que te adueñes de ellos. Pero el fracaso es mío. Me siento tan mal con respecto a lo sucedido, que querría poderlo esconder y tratar de resolverlo yo solo. No puedo, y sé que sería poco inteligente intentarlo.

Por eso, aquí estoy otra vez. Esta vez, fui yo quien hizo este desastre; es grande, y es muy probable que cuanto yo haga, empeore las cosas. Necesito que tú redimas todo lo sucedido.

Si hubiera escuchado mejor —tanto con la cabeza como con el corazón—, tal vez no habría sucedido nada. Usa esto para ayudarme a tener una confianza más total en ti, seguirte más de cerca y acostumbrarme a traerte mis cosas de manera automática. Necesito aprender de este chasco. Muéstrame de qué manera puedo formar parte de tu solución, en lugar de ser parte de mi problema.

Te agradezco que me confíes las lecciones que debo aprender en esta ocasión, pero te ruego que libres a aquellos de quienes soy líder. En realidad, les he fallado a todos con mi fracaso. La culpa no es suya, Señor, sino mía. Nunca habría querido poner en vergüenza a los seguidores que han confiado en mí.

Lo cierto es que en esos momentos soy un líder caído, con una credibilidad debilitada. El que me pueda levantar de esta y seguir guiando a alguien, o incluso servir de alguna otra forma, es asunto tuyo. Yo me siento contento de que este desastre sea ahora tuyo, porque tú siempre sabes hacer que las cosas obren para mi bien. ¡Qué gran milagro es tu redención!

Me comprometo a ser el mejor administrador que pueda con cuantos nuevos desafíos cree tu solución para mí o para la organización. Y me comprometo también a admitir mi fallo ante la organización y aceptar mi responsabilidad en él. Tú sabes lo experto que soy para racionalizar y echarles la culpa a otros. No permitas que haga eso. Cuanto perdón tú les pongas a ellos en el corazón, es asunto tuyo. Mi deber es aceptar honradamente como mío este fracaso personal y buscar tu redención.

Señor, esta vez sí que he enredado las cosas. ¿Cómo me vas a sacar de esta situación?

ME COMPROMETO A ADMITIR MI FALLO Y ACEPTAR MI RESPONSABILIDAD EN ÉL.

REFLEXIONES

A las seis semanas ya intuía que había cometido un terrible error. Había apoyado con entusiasmo que se contratara a un miembro del personal que era incompetente en grado sumo. No obstante, tenía un gran atributo: una decisión inquebrantable. Nos combatió con fiereza paso a paso. Perdimos una pequeña fortuna, desperdiciamos tres años y dañamos nuestra reputación, antes que yo lograra sacarlo por fin.

Aprender de los fracasos es el trabajo más difícil del líder. Aprender de los éxitos es mucho más divertido. Pero si quiero seguir adelante; si quiero correr los riesgos de los líderes visionarios, voy a fallar algunas veces. Lo peor de todo es que algunas veces esos fallos no van a ser solo técnicos o de planificación; pueden ser del espíritu, morales o éticos, o incluso, errores de simple y abierta estupidez, como el de no esperar para comprobar una referencia más sobre alguien.

No fue fácil admitir que yo era culpable de una falta tan claramente visible y costosa, y no me consolaba tampoco el que todos los demás hubieran sido engañados también. Admití mi error ante el personal, expliqué lo que había aprendido de él, y pedí perdón y apoyo para seguir guiándolos. Mi actuación sentó un importante ejemplo. Les hice ver con claridad que los líderes deben correr los riesgos que sean razonables y, mientras guían, algunas veces fallan. Cuando lo hagan, deben aceptar sus responsabilidades abiertamente, sin dejar que los aplasten.

Si yo les defraudo con demasiada frecuencia, o cometo un error fatal, no debería seguir de líder. Pero si nunca cometo faltas, en realidad no soy líder de nadie.

Comunicación

Permíteme escuchar las palabras
que dicen desde su espíritu.
Y permíteme hablarles palabras
procedentes de tu Espíritu.

¡Sean gratos los dichos de mi boca y la meditación de mi corazón delante de ti, oh Jehová, roca mía y redentor mío!
Salmo 19:14

Mientras más cambios experimenta una organización, más necesita una comunicación eficaz, en especial con su líder.

Tal parece como si nada sucediera en silencio entre nosotros, Señor; todo necesita palabras. Son muchas las palabras en cada suceso, cada sueño, cada reunión, cada relación, cada plan, y en especial, cada cambio. De hecho, mi labor como líder parece consistir mayormente en palabras: las palabras que oigo o leo y las palabras que hablo o escribo.

Quiero que la organización cambie, para poder cambiar el mundo, pero lo que más cambia son nuestras palabras. Para hacer las cosas de otra forma, necesitamos ideas distintas, y las ideas necesitan las palabras exactas. ¡Qué poder tan grande tienen las palabras correctas, Señor! Traen a la vida nuestra realidad interior, y hacen que podamos comprender nuestra realidad exterior.

Las buenas palabras aclaran, fortalecen y dan ánimo. Las palabras incorrectas nos confunden y nos dejan debilitados y desalentados. Señor, da a cada uno de nosotros las buenas palabras y el buen arte de escuchar que necesitamos para ser una buena organización.

Tú eres estupendo para escuchar, Señor. Ayúdame a escuchar a tu Espíritu, de manera que pueda escuchar los mensajes silenciosos que me trae la gente. Quiero escuchar de la misma manera que tú lo haces.

Hazme genuinamente accesible. La gente viene con sus palabras, pero espera que yo escuche su corazón. Tanto si hablan como si escriben; enséñame a quedarme verdaderamente callado en mi interior, y escuchar de manera activa. No les quiero faltar al respeto interrumpiéndolos, o fingiendo que los escucho, mientras los estoy ignorando en secreto al mismo tiempo que pienso lo que les voy a decir. Quiero escuchar y comprender realmente sus corazones. Ayúdame a abrirles la mente y el corazón, y no solo la puerta de mi oficina. No los podré guiar bien si no soy capaz de escucharlos bien.

Necesito tus mensajes, tanto para la organización como para los que están fuera de ella. Si hablo y escribo de manera precisa y convincente, cambiarán las ideas de la gente y la organización avanzará. Si hablo con poca claridad o con debilidad, todo va a empeorar. Es mejor guardar silencio que hablar palabras incorrectas, así que, guíame tú, Señor. Ayúdame a oír y hablar la verdad en amor.

Quiero que mis palabras para los demás sean las palabras que tú me dices a mí. Sé que tú me enseñas y me susurras a mi propia vida mayormente cuando me estás preparando para presentarles ideas a los demás. Necesito que tu Espíritu dé forma a mis pensamientos, de manera que cuando exprese quién soy como líder, sea tu siervo, haciendo tu obra con tus palabras. Háblame y habla a través de mí.

Permíteme escuchar las palabras que dicen desde su espíritu. Y permíteme hablar las palabras que proceden de tu Espíritu.

LA GENTE VIENE CON SUS PALABRAS, Y TIENE LA ESPERANZA DE QUE YO ESCUCHE SU CORAZÓN.

REFLEXIONES

Cuando pregunto en los comités de investigación o en los seminarios para líderes lo que quieren en un líder al que ellos estarían dispuestos a seguir, invariablemente veo que quieren un comunicador convincente, y olvido con frecuencia que también quieren que los oigan y los respeten. La comunicación es un factor tan dominante en el éxito del líder, que es fácil confundirse y pensar que un gran comunicador es un gran líder.

Como la mayoría de la gente, entré al liderazgo apoyado en parte por la fuerza de mi capacidad para usar las palabras, a fin de influir sobre la gente de manera que hiciera cosas que de otra manera no intentaría. Me costó muchos años aprender el ritmo del liderazgo en colaboración, en el cual uno de los colaboradores guía y los otros siguen con una mutualidad llena de confianza y cuidadosamente planificada que permite una cantidad enorme de libertad y creatividad.

La comunicación entre colaboradores les da una nueva definición a los papeles del líder y el seguidor. Nos movemos a la acción solo cuando ambos estamos listos. Guío solo cuando mi colaborador está dispuesto a seguirme, y mi colaborador espera y apoya mi liderazgo. Dependemos el uno del otro, conscientes de lo fácil que podríamos aparecer como necios por haber dado un paso en falso. Cuando aprendemos bien el lenguaje de los movimientos, la simultaneidad en que nos movemos se convierte en un deleitoso arte.

La transformación de una cultura corporativa incluye una transformación de sus palabras; el aprendizaje de un nuevo ritmo de comunicación. Jesucristo fue llamado "la Palabra de Dios". Él fue la forma que tuvo Dios de decirnos la verdad con amor, invitándonos a movernos de una forma nueva junto con Él.

Fortaleza

Tu fortaleza hace que todo sea posible,
Dios mío. Hazme un líder fuerte.

Si la misión
es verdaderamente
importante,
el único líder que vale
la pena seguir,
es un líder fuerte.

Dios es el que me ciñe de poder y quien hace perfecto mi camino.
Salmo 18:32

La única clase de líder que quiero seguir, Señor, es un líder que sea fuerte, en especial cuando se trata de propósitos tan importantes como los nuestros. Y es la clase de líder que yo quiero ser. No quiero ser el jefe; quiero ser el líder.

No te estoy pidiendo poder para lograr que la gente haga lo que yo quiero. Necesito algún tipo de autoridad, pero no me importa si me das una autoridad formal, de acuerdo a un puesto que ocupe, o me das una autoridad informal y personal. Sencillamente, quiero ser la persona que ejerza una influencia decisiva en los valores y el rumbo del grupo entero; la que los mantenga unidos, saludables y centrados en su tarea. Quiero ser aquel a quien ellos estén dispuestos a seguir hasta el final.

En realidad, el líder débil no tiene nada de líder, Señor. Si quieres que yo lo sea, tengo que ser fuerte, y tú vas a tener que lograrlo. Sé que puedes. Para ti, nada es imposible. Lo que pasa es que no sé si quieres. Por eso, te estoy diciendo con toda claridad que si me concedes el milagro de tu fortaleza en mí, y el milagro de tu protección sobre mis esfuerzos y los de la gente a la que quiero servir, podré ser el líder fuerte que necesitamos. De no ser así, no podré ser líder en absoluto, porque no necesitamos un líder débil.

Necesitamos un líder con gran influencia; alguien en el que confíen casi todos; alguien que nos capacite para realizar el trabajo. Solo tu fortaleza puede hacer esto en mí, y solo tu gracia los puede mover a ellos para que me acepten como líder. Si quieres que sea otro el líder, muéstrame a mí, y también a todos los demás, que yo no soy el líder.

Estoy dispuesto a guiarlos con tu fortaleza, Señor. Creo que tú me has preparado para hacerlo. He aprendido a ser buen seguidor, de manera que la gente puede confiar en que voy a guiar con corazón de seguidor. Ayuda a aquellos a quienes guío para que sean fuertes y activos junto conmigo en el proceso del liderazgo, en lugar de ser pasivos y sumisos.

Cuando actúo como líder, o soy persuasivo y eficaz, o no. Si tu fortaleza puede fluir a través de mí para hacer sentir fuertes a los demás cuando yo los guío, entonces nos habrás demostrado de nuevo que...

Tu fortaleza hace que todo sea posible, Señor.
Hazme un líder fuerte.

EN REALIDAD,
EL LÍDER DÉBIL
NO TIENE NADA
DE LÍDER.

REFLEXIONES

El anciano Toews era un venerado líder entrado en años, con una enorme influencia. Yo era el nuevo administrador que habían buscado para que hiciera cambiar las cosas. Él me sacó a almorzar para decirme dos cosas:

1. De vez en cuando, hace falta alguien fuerte, venido de fuera para producir la renovación necesaria. El círculo más íntimo no me apreciaría a mí, ni tampoco a mi renovación, así que tendría que ser fuerte y firme en mis decisiones.
2. Mientras viera suceder milagros, podría seguir adelante. Cuando viera que se acaban, habría llegado la hora de dejar mi cargo.

En los años siguientes, me volvió a hablar con frecuencia de estos mismos puntos, animándome a seguir adelante y ayudándome a comprender la naturaleza de un liderazgo fuerte. Me relató sus propias historias, que ilustraban el hecho de que el liderazgo exige sacrificios voluntarios ahora, a fin de buscar lo mejor para el futuro. El liderazgo capacita a la gente para que arriesgue la seguridad y la comodidad del presente, en aras de un futuro realmente distinto.

Me advirtió acerca de los líderes débiles, que drenan la energía de sus seguidores para mantenerse vivos ellos, y mantener viva la organización, dejando a los seguidores demasiado débiles para ayudarlo a guiar. Los líderes fuertes crean energía en la gente, me decía. Permiten que sucedan milagros en la organización, ayudando a los temerosos a creer.

Mientras agitaba frente a mí su índice doblado, se aseguraba de que yo comprendiera que los líderes débiles no son líderes. El liderazgo fuerte no es un estilo, ni un conjunto de formas de conducta. Es el único liderazgo auténtico.

Presupuesto

Señor, todo el mundo necesita tu dinero para ahora mismo. Ayúdanos a invertir en nuestro futuro.

El presupuesto presenta los valores y las prioridades de la organización en sus operaciones. También presenta nuestras inversiones en la dirección que tomará el futuro. Es un plan de liderazgo, y hacerlo es un proceso de liderazgo también.

El que siembra escasamente, también segará escasamente; y el que siembra generosamente, generosamente también segará.
2 Corintios 9:6

Manejamos tu dinero, Señor. Somos administradores y hacemos lo que podemos por adoptar un presupuesto que alimente y vista a tus siervos, y que siembre el dinero donde mejor lo puedas utilizar. Tratamos de conseguir cuanto dinero podamos, y usarlo con la mayor inteligencia posible. Nunca lo hacemos totalmente bien, ayúdanos a acercarnos lo más posible a una forma ordenada de operar, y a una buena cosecha.

El presupuesto afecta a todas las personas y todos los programas, así que, es sumamente importante que esté bien hecho. Cada uno de los puntos del presupuesto, representa la sincera solicitud de alguien, entregado a nuestra misión y atado con sus esperanzas. Yo amo a esta gente y oro por ella. ¡Cuánto quisiera que lo pudiéramos hacer todo para ellos! ¡Cuántos beneficios maravillosos son destruidos innecesariamente a causa de nuestros errores en el presupuesto! Te pido perdón, Padre. Enséñame a hacerlo mejor esta vez.

Señor, de alguna manera, este presupuesto nos tiene que dar un presente y también un futuro. Si no hago un presupuesto para un presente fuerte, no voy a tener plataforma para alcanzar el futuro. Si no administro bien, no voy a tener nada con lo cual guiar. Es muy difícil escoger entre lo que hay que hacer ahora, y lo que hay que intentar más tarde.

¡Qué tiranía tan poderosa ejercen las urgencias del presente! Tenemos que poner el dinero donde decimos que están nuestros verdaderos valores, pero... ¿cuál es el equilibrio correcto?

Después de atender a todas las exigencias del presente, ¿cómo vamos a pagar nuestro futuro?

Si hacemos una mezquina inversión en nuestro futuro, tendremos que esperar una cosecha también mezquina. Pero si el presupuesto invierte demasiado en la preparación de nuestro futuro, vamos a ahogar nuestra posibilidad de sobresalir en estos momentos. Todo cuanto sembremos para el futuro, será algo que no nos podremos comer para tener salud en estos momentos. Es muy duro ahorrar para el futuro cuando nos sentimos tan pobres. Por tu gracia, tenemos que encontrar la forma de hacerlo. Señor, pedimos sabiduría y valor.

Sé que tienes un brillante futuro para nosotros, pero nos vamos a perder parte de él si este presupuesto no nos lleva donde tú nos quieres. Ayúdame a darle forma a este presupuesto de manera que sea un sabio plan de liderazgo para asegurarnos un emocionante futuro.

Todo el mundo necesita tu dinero para ahora mismo, Señor. Ayúdanos a invertir en nuestro futuro.

ES MUY DIFÍCIL ESCOGER ENTRE LO QUE HAY QUE HACER AHORA, Y LO QUE HAY QUE INTENTAR MÁS TARDE.

REFLEXIONES

En las bodas de mis dos hijos, presencié con un inmenso interés las solemnes promesas que los enamorados jóvenes se hicieron entre sí. Para la gente que hace poco que está enamorada, este tipo de promesas parecen fáciles de cumplir, pero tarde o temprano, todo matrimonio se enfrenta a circunstancias que desafían esos compromisos.

Los valores básicos de una organización son las promesas que se hacen entre sí sus miembros. El presupuesto es la descripción más amplia y detallada de lo que la organización ha prometido hacer para expresar esos valores. Lo que hace tan difícil la preparación del presupuesto para un líder orientado hacia el futuro, es que el presupuesto se refiere mayormente a la historia; al cumplimiento de las promesas que ya se han hecho. Si esas promesas se hicieron con sabiduría, habrán creado un buen conjunto de oportunidades presentes, atraído a gente excelente, asegurado una fuerte posición en el mercado con una imagen positiva, y permitido el aumento de las ganancias netas.

La necesidad de crecimiento es producto de la paradoja fundamental que hay en cada presupuesto. Impulsado mayormente por las promesas de la historia; el presupuesto también debe hacer promesas para asegurar un futuro. Los planes más brillantes para el futuro más maravilloso no significan nada, mientras el presupuesto no permita que se cumplan. El presupuesto —trivial y misterioso— es el foro máximo del liderazgo. Merece cuanta atención haga falta de parte del líder para hacer que sirva bien a todos sus propósitos, y también merece una oración continua.

Integridad

Señor, tú eres exactamente quien proclamas ser. Mantenme fiel a mi propia persona.

La integridad consiste en ser lo que afirmo ser, y hacer lo que prometo hacer. Los grandes líderes deben manifestar integridad personal.

La integridad de los rectos los encaminará.
Proverbios 11:3

Tú me hiciste, y me conoces mejor de lo que yo me conozco. Asegúrate de que mi carácter personal siempre esté de acuerdo con el papel de líder que debo cumplir. Quiero que ese papel de líder haga de mí una persona mejor. Solo tú puedes hacer esto por mí.

Sabes cómo quiero que la gente esté de acuerdo conmigo y me crea. Me es demasiado fácil decir lo que los demás quieren oír, en lugar de decirles lo que honradamente siento o creo. Me es muy natural comprometerme, antes de estar totalmente seguro de que voy a poder cumplir, porque alguien necesita algo y yo quiero dárselo. Señor, pon a tu Espíritu en la puerta de mi boca, y vigila lo que digo. Mantenme sincero y realista.

Señor, en nuestros mercados, la imagen lo es todo. Mi propia imagen como líder es una parte altamente visible de nuestra imagen como organización. Con frecuencia, yo soy todo lo que sabe la gente acerca de ella, y lee hasta el último detalle de lo que ve en mí. Si no doy la impresión de ser genuino, también van a dar por sentado que la organización no lo es. Protégeme hasta de la falta más pequeña en cuanto a actuar fuera de mi personalidad.

Señor, no soy el líder en todo momento, pero sí soy yo mismo en todo momento. Aquellos a quienes dirijo, dependen de mi integridad. No permitas jamás que los avergüence, ni como líder de ellos, ni como el yo real que se halla dentro de ese papel de líder. Hazlos sentirse seguros en esa dependencia que tienen con respecto a mí.

No permitas que la fama y la visibilidad que acompañan a este papel de líder me engañen hasta llegar a olvidar la diferencia entre mi persona y mi papel. No permitas que cometa el error de necesitar ser una celebridad. Pero con tu gracia, Señor, lo cierto es que me encantaría convertirme en un verdadero héroe. Anhelo dejar una profunda huella en la vida de la gente. Quiero alejarme un día a sabiendas de que juntos, hicimos algo especial, y de que todos nos convertimos en personas mejores en medio del proceso. Le puedes dar la celebridad a otro que la necesite, Señor. Muéstrame lo que tengo que hacer para convertirme en un héroe invisible, y dame el poder necesario para lograrlo.

Señor, tú eres exactamente quien proclamas ser. Mantenme fiel a mi propia persona.

ME ES FÁCIL DECIRLES A LOS DEMÁS LO QUE ELLOS QUIEREN ESCUCHAR, EN LUGAR DE DECIRLES LO QUE SIENTO O CREO SINCERAMENTE.

REFLEXIONES

La universidad se las había acabado de arreglar para pasar por un año económicamente muy difícil. Como presidente de la organización, les había pedido a todos que participaran en los sacrificios necesarios para equilibrar el presupuesto. Había sido necesario limitar muchos gastos, incluso un retraso de seis meses en los aumentos de salario del personal, pero terminamos el año con un balance positivo.

La junta quería recompensar mi liderazgo. Sabían que otras organizaciones me querían reclutar, y que el año que tenían por delante parecía sólido, así que decidieron darme un significativo aumento en mi compensación. Yo les di las gracias por sus intenciones, pero los exhorté a pensarlo de nuevo.

Necesitaba manifestar fidelidad a los valores de equidad que habíamos invocado a nivel de toda la organización, aunque me habría sido fácil esconderme tras la justificable acción de la junta. Después de hallar sabiduría en cuanto al asunto, la junta me ofreció ingresos en el futuro, si la economía de la institución llegaba a hacerlos posibles. Aquel suceso pasó casi inadvertido.

La integridad consiste en ser quienes decimos que somos, y hacer lo que hemos prometido hacer.

Años más tarde, descubrí que la facultad había estado pendiente realmente de ver mi grado de integridad; el de un presidente de la organización decidido a compartir el sacrificio, y una junta dispuesta a perder a su presidente. Durante el proceso de planificación para el año siguiente, les concedieron una amplia confianza a la administración y a la junta; como recompensa por una sencilla manifestación de integridad.

COMPASIÓN

Dame el valor necesario para guiar con una sabia compasión.

Por la misericordia de Jehová no hemos sido consumidos, porque nunca decayeron sus misericordias.
Lamentaciones 3:22

El líder busca un futuro sobresaliente para toda la organización, y compasión para cada uno de sus miembros.

Porque me amas con tanta fuerza, quiero convertirme en todo aquello que tenías en la mente cuando me hiciste. Quiero ser cada vez más semejante a ti. Quiero sobresalir en todos los aspectos de la madurez. Quiero ser el mejor líder posible; que ayude a todos los que estén en la organización a experimentar la emoción de hacer una contribución clave a un gran éxito. Señor, yo sé que tú quieres estas mismas experiencias para todos y cada uno de nosotros.

Porque me amas con tanta ternura, confío en que tu compasión me consuele en todas mis limitaciones, incapacidades y sueños rotos. Me siento seguro contigo, aunque no actúe como tú quieres, y también, cuando no guío bien a los demás, o no los guío en absoluto. Señor, yo sé que quieres que todos los que están en la organización, sientan ese mismo tipo de seguridad, pero la compasión tiene un alto precio en nuestro ambiente tan lleno de competencia.

Señor, he sido llamado a llevar adelante a toda esta organización, pero también soy responsable del bienestar de cada persona a lo largo del camino. La organización existe para ayudar a levantar personas excelentes, a base de servir a sus necesidades reales de una manera destacada. Para que tantos trabajemos juntos y sirvamos a tanta gente, necesitamos unas normas justas que expresen nuestra compasión.

Sin embargo, hay ocasiones en que aquello que parece sabio para todo el mundo, también parece herir a alguien en particular. ¿Cuál es la compasión adecuada por la persona que no puede contribuir con lo que necesitamos realmente para alcanzar nuestras metas? Si alguien no lleva la parte de la carga que le corresponde, eso les hace daño a los demás y los desanima. ¿Cuál es la compasión adecuada por la persona a la que no hemos servido bien? Si yo hago una compasiva excepción a favor de un empleado o de un cliente, me va a ser muy fácil poner en apuros a otros.

Señor, no siempre puedo discernir entre los problemas genuinos que debemos tratar de aliviar, y los que son imaginarios, o incluso fraudulentos. Necesito tu luz para tener la seguridad de que, cuando intentemos mostrar compasión no estemos actuando simplemente con ingenuidad.

Dame el sentido correcto de lo que es la compasión. Necesito un agudo juicio para lograr un equilibrio entre las necesidades individuales, las de la organización y las personas para cuyo servicio existimos. Ayúdame a recordar que contigo, la misericordia siempre triunfa sobre el juicio. Quieres que lleguemos a ser como tú, pero cuando no lo logramos, tu bandera sobre nosotros es un amor lleno de compasión. Ayúdame a reflejar esa compasión, tanto en las normas como en las excepciones.

Dame el valor necesario para guiar a los demás con una compasión sabia.

CUANDO SOY LLAMADO A GUIAR A LA GENTE, ME HAGO RESPONSABLE DE SU BIENESTAR.

REFLEXIONES

La expresión más difícil de la compasión consiste en decirle a alguien que no es razonable esperar de él que haga lo que necesita la organización, y hay que quitarlo de su puesto. Yo he tenido que presentar este tipo de mensajes a miembros del personal, administradores y juntas de mi propia organización y de otras. Ni una sola vez la compasión ha sido fácil, pero sí ha sido una de las más críticas.

En medio de todo, he llegado a comprender que la compasión de Jesús no tiene que ver tanto con liberar a la gente, sino con capacitarla para que vea su situación con mayor realismo, sobre todo su potencial. Jesús hizo que los ciegos vieran, los cojos caminaran, los endemoniados vivieran en libertad, y un grupo de asustados pescadores se convirtieran en los líderes de un movimiento espiritual que ha afectado al mundo entero.

Es tan compasivo sacar a una persona de un trabajo en el que no puede triunfar, como curarle su ceguera a alguien. Trabajar donde es imposible triunfar, es algo que destruye el interior de la persona. La compasión nos exige también que ayudemos a las personas en todos aquellos aspectos de la transición en los que no es razonable pensar que puedan actuar solas.

Al final, cuando exigimos esos cambios, mostramos también compasión por la organización, cuyo éxito depende de que haya una actuación brillante en todas las posiciones. Estas acciones solo son realizadas correctamente con la sabiduría espiritual y el valor que proceden de la oración.

Ira

Dame tu ira, Señor, contra lo que sea malo; no contra mí mismo, ni contra la gente a la que amo y sirvo.

La ira proporciona una cantidad enorme de energía. La ira justa les permite a los líderes vencer a la maldad. La ira injusta vuelve a los líderes contra aquellas personas a quienes ellos aman y sirven. Si la ira se encierra dentro de ellos, puede producir una fuerte depresión.

Airaos, pero no pequéis; no se ponga el sol sobre vuestro enojo.
Efesios 4:26

Tú eres lento para la ira, Dios mío. En cambio, la mía estalla con demasiada frecuencia y facilidad cuando la provocan, desatando mi aguda lengua, o mi venganza. Algunas veces, deja unas cicatrices que nunca desaparecen en las almas de aquellas personas a las que estimo. Si se vuelca sobre mí mismo, mi ira me deja deprimido. Necesito tu Espíritu para mantenerla controlada. Protégeme de mí mismo.

Cuando arda en mí la ira, o estalle abiertamente, hazme sensible ante lo que está sucediendo en realidad. Si solo estoy desahogando mi ira para aliviar mi propia frustración e inseguridad, ayúdame a enfrentarme con la causa que haya dentro de mí. Ayúdame a aprender ese hábito del corazón que consiste en hacer una pausa para consultar contigo cada vez que sienta que estoy montando en cólera.

Dame el poder motivador de tu justa ira, y purifica de mí la petulante destrucción de la ira egoísta, o del enojo conmigo mismo. Quiero expresar ira de tal forma que motive a la gente a grandes logros, en lugar de humillarla para sentirme mejor.

Me han gritado, me han acusado falsamente y me han humillado. No quiero tratar a la gente de esa manera. Quiero edificarla e inspirarla. Quiero recordar que estas personas no existen para absorber mi dolor, sino que yo soy quien existo para absorber el dolor de ellas y ayudarlas a ser fuertes. No permitas que la ira que hay en mí, las humille a ellas, ni me avergüence a mí.

No quiero negar ni tratar de suprimir mi propia ira, ni la de ninguna otra persona. Por tu gracia, quiero conocer esa ira, aprender de ella y expresarla para el bien. No quiero perder los estribos y desperdiciar todo ese poder. Quiero enfocar la energía de mi ira donde va a realizar algo positivo.

Señor, tú sabes que algunas veces me voy a enojar, pero no quiero vivir ni guiar a nadie en medio del enojo. Quiero vivir y guiar en amor. De tu amor que obra en mí, se va a derivar algún tipo de ira adecuada con respecto a los sufrimientos de la gente. Quiero inspirar a los demás y ser motivado yo mismo por una noble pasión hacia lo que es verdadero, puro, amable y sobresaliente en la vida. Pero no quiero ningún tipo de ira que se derive de la defensa de mi yo herido. Al fin y al cabo, si mi yo es tan vulnerable, yo no debería ser líder de nadie.

Invito a tu Espíritu a mostrarme cómo ves cada uno de los sucesos de mi liderazgo. Quiero ver lo que tú ves y sentir lo que tú sientes. Si hay ira...

Dame *tu ira,* Señor, contra lo malvado, y no contra mi propia persona, o contra la gente a la que amo y sirvo.

NO QUIERO NINGÚN TIPO DE IRA QUE PROCEDA DE LA DEFENSA DE MI YO HERIDO.

REFLEXIONES

Cada vez que estalla la ira en mi interior, quemándome para que le dé rienda suelta contra el desventurado que tengo delante, me veo en aquella ocasión, con diez años de edad, retorciéndome en el suelo, dando puñetazos en la hierba, llorando y gritando. Mi equipo acababa de perder un juego de fútbol y mi ira estaba totalmente descontrolada. Mi padre atravesó el campo hacia donde yo estaba, y me regañó fuertemente por haber estallado en cólera.

"Tú también estallas en cólera algunas veces", le grité con insolencia.

Hubo una pausa de un terrible silencio durante el cual, por fin recuperé mis sentidos de niño y me quedé petrificado de terror. Mi padre me habló pausadamente. "Ambos hacemos mal en gastar nuestras energías a base de perder la compostura. Yo voy a esforzarme por controlar mi temperamento, si tú aprendes a controlar el tuyo".

Aliviado, asentí con la cabeza sin decir palabra.

Mi padre era un líder apasionado. La pasión es esencial para ser un gran líder, y la ira es la pasión de aquellos que aprecian intensamente su propia persona o la de los demás, y esperan mucho de ellas. La mayoría de los líderes experimentan una gran cantidad de ira, tanto la suya como la de los demás. Pero cuando alguien deja escapar su enojo de manera descontrolada, se convierte en un necio.

La ira de mi padre fue tan fuerte después de aquel suceso, como lo había sido antes, pero cada vez me demostró más a mí, y les demostró a los demás, lo que significa usarla en lugar de perderla. Ambos cumplimos el pacto que habíamos hecho entre nosotros aquella tarde.

Junta

*Concédele tu gracia especial
a la Junta, Señor. Estamos totalmente
a la merced de lo que ella decida.*

De manera que, teniendo diferentes dones, según la gracia que nos es dada... úsese conforme a la medida de la fe... el que preside, con solicitud.
Romanos 12:6, 8

La junta rectora de la organización no es solamente la entidad legal máxima; también es el medio decisivo de la gracia y la bendición de Dios sobre la organización.

Pon las personas correctas en la junta, Señor, y dales el conocimiento, las habilidades y la visión necesarias para que guíen a la organización con unas normas sabias. Si ya desde el principio no son quienes deben ser, no están bien informados o establecen normas imprudentes; todos vamos a quedar como necios, incluso ellos. Si comprenden nuestra situación y fijan normas sabias, entonces todos vamos a resplandecer con el éxito.

No permitas que sean débiles o excesivamente cautelosos, porque así vamos a perdernos las oportunidades. No permitas que impongan prioridades imposibles o conflictivas, no sea que yo no sepa dirigirlos con integridad y fracasemos, desperdiciando unos recursos valiosos. Dales tu Espíritu de sabiduría y de valor, de manera que cumplan con nuestra misión de una manera distinguida.

No permitas que actúe cada uno por su cuenta, con su agenda personal de cuestiones, o un grupo particular al que representar; no sea que la organización termine siendo un fraccionado reflejo de sus componendas políticas. Concédele a la junta tu Espíritu de unidad, con un consenso fuerte y sincero sobre el bien a largo plazo de toda la organización, de manera que demos juntos el aspecto de unidad y cohesión.

Permite que me evalúen a partir de unos logros deseados concretos y unos recursos disponibles que ellos hayan identificado; de manera que yo sepa en qué dirección llevarlos, y te podamos entregar juntos el mejor de nuestros esfuerzos. Líbranos de la microadministración. Infunde en la junta una dedicación a confiar en nosotros en cuanto a los logros que especifiquen y a darnos el poder necesario para abrirnos paso hasta lograr una calidad excelente.

Haz que la junta crea en nosotros, para que podamos creer en nosotros mismos. Haz que la junta celebre con frecuencia dentro de tu Espíritu de confianza.

Si la junta me pone en algún papel de liderazgo, entonces confío que tú me des también la gracia para guiarlos bien. Confío también en que todos los que laboran en la organización participen activamente en el proceso del liderazgo; al mismo tiempo que salimos adelante juntos. Si la junta me llama a continuar como seguidor, lo aceptaré como una indicación sabia y amorosa tuya para mí, y para la organización. Muéstrale a la junta qué persona es la que nos debe guiar.

Concédele tu gracia especial a la junta, Señor. Estamos totalmente a la merced de lo que ella decida.

HAZ QUE LA JUNTA CREA EN NOSOTROS, PARA QUE PODAMOS CREER EN NOSOTROS MISMOS.

REFLEXIONES

Era toda una joya: un alto nivel de estudios, experiencia, recomendada a nosotros por su iglesia y su comunidad étnica por el gran respeto que le tenían. La estaba tratando de convencer para que se uniera a la junta de síndicos. Ella apoyaba la misión y la visión de la universidad, pero no veía razón alguna para formar parte de la junta. Se había pasado la vida apoyando a su esposo, un médico de fama, criando unos hijos que habían triunfado, y sirviendo a su iglesia y su comunidad. La única vez que había servido en la junta escolar local, se había visto envuelta en una fuerte crisis de liderazgo público en la cual su integridad había impedido que fuera reelegida. Nosotros la necesitábamos, pero ella no nos necesitaba a nosotros.

Estaba a punto de marcharse, cuando resumí mi presentación con la simple explicación de que la junta era la mente y el corazón espiritual de la universidad, y de que aquello que necesitábamos realmente de ella, era su mente y su corazón únicos, que Dios había estado modelando durante todos esos años a través de todos los retos a los que se había enfrentado para dominarlos. Solo necesitábamos la persona que ella era. Por vez primera, vi brillar el fuego en sus ojos.

"Mary", le dije, "la junta es tan importante, que oro por los síndicos todos los días. Voy a orar por usted".

Se marchó con la promesa de que lo pensaría, y a su tiempo se convirtió en una sabia y eficaz integrante de la junta. La organización no puede ser mejor que su junta, y la junta debe ser el centro de las oraciones del líder.

Intuición

Guía mis corazonadas, Señor.
Tienen que ser corazonadas santas.
Tienen que ser correctas.

Los líderes fuertes crean su propia visión, viven de acuerdo con sus propias normas y siguen la comprensión, la previsión y la sabiduría de su propia intuición. También son responsables de buscar lo verdaderamente bueno para la gente a la que afectan sus decisiones.

El Señor te dé entendimiento en todo.
2 Timoteo 2:7

Me gustaría poder explicárselo todo con lógica o con datos a todo el mundo, Señor. En esta ocasión, solo sé de alguna manera, sin todos los procesos racionales normales; siento de manera directa lo que quieren decir esos datos, sin haber dado todos los pasos. Veo el comienzo y el fin, sin ver el medio. Lo siento en mis entrañas, y creo que es correcto, pero esa parte de mí a la que le encantan los datos y la lógica, se queja siempre. También lo va a hacer toda esa gente lógica que me rodea, Dios mío, y ¿quién los puede culpar por hacerlo?

No es ese tipo fuerte, insistente e incómodo de corazonada. Es una sensación positiva acerca de lo que va a funcionar de verdad; ese sentimiento de seguridad que tengo acerca de cierta gente o ciertas proposiciones. Esta vez, lo quiero intentar. Pero sé que no lo puedo hacer solo, Señor. A quienes guío tendrán que acompañarme, y no tengo manera de edificar el razonamiento lógico normal. Es duro esperar de la gente que se arriesgue a cuenta de mis intuiciones.

Casi siempre me es más fácil detener las cosas cuando no me siento cómodo con ellas. Siempre hay gente que quiere esperar. Es más duro hacer que la gente se mueva cuando no se ha logrado formar una defensa inquebrantable en ningún sentido. Pero si esperamos demasiado a tomar una decisión, va a ser demasiado tarde. Señor, ¿por qué tememos los riesgos de seguir adelante mucho más que los riesgos de quedarnos quietos?

Si mis corazonadas fueran ciertas siempre, esta en particular sería más fácil. Por lo general, estoy en lo cierto cuando esas intuiciones son fuertes y centradas, pero me he equivocado unas pocas veces. Así que, más que de ordinario, aquí estoy para hacer una pausa y escucharte. No quiero salir corriendo delante de ti, y tampoco quiero quedarme rezagado detrás. Estoy agradecido de que haya gente fuerte que me pida responsabilidades. Necesito que seas tú quien informe a la intuición de los demás, con respecto a esta, ya sea a favor o en contra. Si hay que decidir esto a partir de una corazonada informada, nos ayudaría grandemente que varios de nosotros sintieran su corazonada en la misma dirección.

Realmente, necesitamos triunfar en este caso, Señor. Quiero oír tu susurro en mi interior. Necesito una oscura sensación de incomodidad y duda si esta corazonada no es correcta, y necesito tu resplandeciente paz como confirmación, si lo es.

Guía mi corazonada, Señor. Tiene que ser una corazonada santa. Tiene que ser correcta.

¿POR QUÉ TEMEMOS LOS RIESGOS DE SEGUIR ADELANTE MUCHO MÁS QUE LOS RIESGOS DE QUEDARNOS QUIETOS?

REFLEXIONES

Prácticamente todos los líderes señalan que dependen de corazonadas o intuiciones hasta un grado bastante significativo. Es difícil orar acerca de algo que no entendemos y no podemos explicar. Hay quienes piensan que la intuición solo es un análisis y un razonamiento a alta velocidad, producto de un aprendizaje sobresaliente en muchas experiencias similares. Otros están convencidos de que es un don suprarracional que tienen muchas personas, pero que solo unas pocas desarrollan a un alto nivel de eficacia.

Una tercera idea al respecto es que, para llegar continuamente a una conclusión correcta, el líder debe citar los valores adecuados. Así, muchas decisiones intuitivas son guiadas más por un sentido de lo que es moralmente correcto hacer, que por un razonamiento a partir de los datos objetivos. Cuando puedo fundamentar una decisión más en valores que en datos, puedo guiar a los demás con gran seguridad y fuerza persuasiva.

Ya sea por uno de estos medios, o por algún tipo de combinación de ellos, los líderes intuitivos pueden estar tan seguros de ellos mismos, tan seguros en su interior, tan acertados con tanta frecuencia, y ser tan convincentes, que inspiren a otros a confiar en ellos y seguir su liderazgo hasta grandes realizaciones. El liderazgo intuitivo se puede deslizar hasta el peligroso extremo de un carisma cegador. Pero los más nobles de los líderes intuitivos combinan una luz espiritual interior con el amor *ágape* de un verdadero siervo, y están dispuestos a poner a prueba sus corazonadas junto con los demás en las oraciones de los líderes.

CREATIVIDAD

Envía tu Espíritu de libertad
y dame forma de desencadenarme.

La creatividad tiene sus peligros, pero la falta de creatividad es mortal. Los líderes eficaces animan a la creatividad a base de mostrarla personalmente, y de protegerla y recompensarla en los demás.

Donde está el Espíritu del Señor, allí hay libertad.
2 Corintios 3:17

Señor, me he atrapado yo mismo en una caja que ni siquiera puedo reconocer. Tú eres el que pone en libertad a los presos. Libérame. Estoy listo para salir de la caja de mi pensamiento normal, dispuesto a destruirla mientras salgo, si eso es lo que hace falta. Debo percibir la oportunidad que se encuentra disfrazada dentro de este problema. Muéstrame la verdad que me va a hacer libre.

Soy prisionero de mis antiguas formas de pensar. Mis suposiciones me ciegan a las nuevas posibilidades que tú tienes para mí. Lo que pienso que sé, me impide saber lo que aún no puedo pensar. Yo veo las debilidades de la gente; tú ves los puntos fuertes que le has dado. Yo veo lo que han hecho hasta ahora; tú ves lo que podrían hacer. Yo veo por qué no lo podemos hacer; tú ves cómo podemos hacerlo. Yo veo los límites de nuestros recursos visibles; tú ves el potencial de tus recursos ilimitados. Yo veo el problema; tú ves la solución. Ayúdame a salir de esta situación.

¿Necesitas pasarme a un nuevo lugar para que cambie de punto de vista? ¿Estoy protegiendo a algo o alguien? ¿Me estoy protegiendo a mí mismo? ¿De qué tengo miedo en esta situación? ¿Me he rodeado de gente que piensa demasiado parecido; que se me parece demasiado?

Tú creaste este universo de la nada, enlazando todas sus complejidades en continua expansión y renovación con una perfección absoluta. Sabías que los humanos pecaríamos, y nos separaríamos de ti y de tu creación, así que creaste en

Jesucristo la solución perfecta para nuestra desesperanza. Tú eres el Padre de toda creatividad.

Yo soy hijo tuyo. Me hiciste a tu imagen para que a mí también me encantara crear. Me encanta pensar cosas nuevas y hacer que lleguen a existir. Me encanta crear soluciones para los enredos en los que se mete la gente. Quiero ser creativo como tú, Padre. Quiero disfrutar todo tipo de personas. Dame la libertad creativa de tu Espíritu. Silencia a mis censores y despierta el artista dormido que llevo dentro. Dame un nuevo canto que cantar; una nueva historia que escribir.

Trató de ser creativo, y me metí en esta mazmorra.

Envía tu Espíritu de libertad y sácame de aquí.

Me encanta pensar cosas nuevas y hacer que lleguen a existir.

REFLEXIONES

Las organizaciones que triunfan continuamente, siempre se están mejorando, aprendiendo formas nuevas de pensar y actuar; y por consiguiente, siempre están ligeramente fuera de control. Las contribuciones más importantes de un líder a esta creatividad corporativa son buscar un personal capacitado, mantener una alta tolerancia para la ambigüedad y manifestar creatividad personal. Cada una de estas actividades es riesgosa.

La creatividad depende de que juntemos las cosas diferentes. Para los equipos de decisión creativos, el líder debe asegurar que la organización identifica activamente y honra todos los tipos necesarios: los que son sabios, y tal vez cautelosos; los valientes, y tal vez arriesgados; los artísticos, y quizá poco prácticos; los pesimistas, y posiblemente cínicos; y los optimistas, tal vez demasiado ingenuos.

Para requerir una creatividad tan amplia, no solo nos arriesgamos con las serias debilidades que acompañan muchas veces a los grandes talentos, sino que también aumentamos el potencial de conflicto. Las organizaciones innovadoras son emocionantes, pero no son tranquilas. Son productivas y progresistas, pero no son pacíficas.

Muchas veces, la contradicción constituye un elemento necesario en una organización que se esté renovando a sí misma de manera constante, con el rostro dirigido hacia un futuro que podría ser inherentemente contradictorio. La contradicción más difícil para muchos líderes se produce cuando es necesario poner en tela de juicio o alterar una idea o un programa que es del propio líder, y que él aprecia. Si el líder puede iniciar los cambios necesarios, o apoyar a quienes lo hagan, envía un fuerte mensaje acerca del valor básico de la creatividad. El líder no tiene que proporcionar toda la creatividad, sino inspirarla, protegerla, recompensarla y orar por ella.

Desaliento

Tráeme la renovación que necesita mi espíritu para seguir guiando a otros.

El desaliento, la desilusión y el desespero persiguen constantemente al espíritu del líder. Es esencial que el líder se renueve en su interior, pero también lo son la protección externa y el apoyo de los demás. No hay ningún gran líder que guíe solo a los demás.

Se alejó de mí el consolador que dé reposo a mi alma.
Lamentaciones 1:16

El desaliento y las disensiones son realidades del liderazgo, y yo los espero, Señor. Normalmente, no me derrumban ni me hacen dudar como ahora. Pero, hay ocasiones en que los frenos, la resistencia y las opiniones adversas se vuelven tan abrumadores que no se ve con claridad el camino hacia la meta. Me siento como si hubiera estado empujando una roca, montaña arriba; mientras un montón de gente me decía que nunca lo iba a lograr. Tal vez tengan razón.

Las cosas van mal, y estoy desilusionado conmigo mismo. Pero no estoy desilusionado, Señor; no estoy cansado. Estoy desalentado. Mi cuerpo es lo suficientemente fuerte, pero mi espíritu es débil; mi voluntad me está fallando. Si no mejora algo pronto, me voy a desesperar por completo y voy a dejar de intentar que esto llegue a suceder. Ya no estoy seguro de que valga la pena, o tal vez yo no sea la persona correcta para dirigirlo. Siento que estoy totalmente solo, y que no hay nadie más a quien le interese hacer algo.

¿Qué significan todos estos horribles sentimientos? ¿Me estás tratando de decir que debemos detener nuestras pérdidas y abandonar este esfuerzo, o solo se trata de barreras que tenemos que superar? Tal vez esto fuera algo absurdo ya desde el principio. Necesito algún tipo de señal de que tú quieres que siga adelante. Envía algo, envía alguien. Se acabó, Padre. No puedo seguir así.

Cuando los demás se desaniman, yo lo siento, y ellos también lo van a comenzar a sentir con respecto a mí. Tal vez ese ciclo descendente ya haya comenzado. Siento que están desanimados conmigo como líder. No he estado a la altura de sus expectaciones o de sus necesidades, y nos estamos moviendo con torpeza.

Sé que tú me perdonas y me amas, y que tu Espíritu me consuela, y te estoy profundamente agradecido. Pero necesito que me envíes un toque tuyo, o unas palabras de sabiduría o de aliento en forma humana. Me siento como si nadie más supiera cuál es mi situación en todo esto. Peor, tal vez sea que no les importa. Y si a nadie más le importa, tampoco me debería importar a mí.

Hace falta fe para renunciar a algo, y fe para seguir adelante, así que esto no tiene que ver con mi fe en ti, Dios mío. Tiene que ver con la confianza en mí mismo y en saber si debo seguir guiando en esta dirección. Si debo dejar de guiar en esta situación ¿es eso señal de que debo dejar de guiar en todo? Estoy a tu merced, Padre. Si tú quieres que siga adelante, envía un mensajero que me ayude...

Tráeme la renovación que necesita mi espíritu para seguir guiando a los demás.

SI QUIERES QUE SIGA ADELANTE, NECESITO ALGÚN TIPO DE SEÑAL

REFLEXIONES

Durante los años en que dirigió Juventud para Cristo en los Estados Unidos, Jay Kesler, también predicaba cuarenta domingos al año en su iglesia. En una ocasión le preguntaron acerca de una cierta situación en la cual la gente estaba actuando de manera desagradable y mezquina. "Estoy muy desanimado con la iglesia", dijo, "pero no estoy desalentado". A mí se me quedó esa distinción. Formaba parte de la manera en que él cumplía con unas responsabilidades tan grandes con un corazón tan lleno de gozo, y de la forma en que convertía sus propios errores en experiencias de crecimiento para sí mismo y para todos los que le rodeaban. Admitía que estaba desanimado, y con frecuencia lo decía de manera humorística, pero tenía la prudencia de guardar su corazón contra el desaliento.

El desánimo no es fatal para el liderazgo. Es natural que aparezca. De hecho, parte de lo que caracteriza a la persona como líder es la capacidad para enfrentarse de manera positiva a las críticas, los errores y los fallos. Todo líder presenta alguna versión de "piel gruesa", porque el desánimo aparece en todas partes. Si no podemos soportar las saetas del desánimo, no podremos ser líderes.

El desánimo difiere del desaliento o desespero cuando tenemos que admitir que seguir hacia la meta ya no tiene sentido, cuando ya no es posible seguir confiando en una persona determinada, cuando el apoyo sería desperdiciado, cuando se estarían echando las perlas a los cerdos. A diferencia del desánimo, no es posible manejar con seguridad el desaliento cuando se está aislado. El líder desalentado necesita el toque de unos amigos de confianza y llenos de amor que le traigan el sanador consuelo de la oración.

1-17-03

CAMBIO

*Señor, dame fe para este salto
hacia el futuro. Y haz que sea
el salto de un líder,
y no un salto solitario.*

Una de las características inherentes del liderazgo, es la de producir el cambio a fin de obtener alguna situación futura deseada que no podría suceder de otra forma. La mayoría de las personas quieren el progreso, siempre que no tengan que cambiar demasiado para lograrlo.

Nadie echa vino nuevo en odres viejos.
Lucas 5:37

Señor, ¿por qué no me puedes dar un puente hacia el futuro? En lugar de dármelo, me haces saltar hasta él. Haces que me deje ir y salte por fe. Lo hiciste cuando yo quise una nueva relación contigo. Lo has hecho una y otra vez en mi profesión y en mi vida personal. El nuevo futuro que me muestras es hermoso, y el salto es razonable; pero siempre es un salto de fe. Así que aquí estoy de nuevo, pidiendo dar otro salto por fe.

Es un salto de líder, Dios mío. No va a servir de nada si yo salto, y nadie más lo intenta. No soy líder de nadie, si nadie me sigue. ¿Va a saltar alguien conmigo? Estoy confiando en que tú vas a propagar esta fe a otros.

¿Es posible este cambio en realidad? Necesito sentirme seguro de que no he pasado por alto ningún indicador fatal. Hay una fina línea de separación entre la fe y la idiotez. Tal vez no podamos saltar tan lejos, y para cruzar un abismo no funciona tratar de dar dos saltos. Protégeme de llevar a los que me siguen a despeñarse. Confirma que sí podemos lograrlo.

La llegada de este nuevo futuro nos va a cambiar las cosas a todos. No puedo prever todos los cambios, pero sé que va a haber consecuencias que no esperábamos. No permitas que la gente se angustie sin necesidad por lo desconocido; porque si se resisten demasiado, no vamos a triunfar.

Tú nos pusiste donde estamos, y es un lugar bueno y cómodo. La forma en que nos trajiste hasta él, forma parte de nuestra tradición. El lugar donde tenemos que ir se ve incierto, y se siente espantoso, y en cierto modo incorrecto, perder y destruir lo que tú nos has provisto. Danos un corazón de peregrinos, Dios mío. No permitas que nos aferremos a la comodidad y la seguridad del presente; las cosas no van a permanecer así para siempre. Tenemos que dejar este buen lugar para seguir adelante por fe; la misma clase de fe que nos trajo hasta aquí.

Para que se produzca este cambio, necesito que me digas las palabras correctas; unas palabras que reduzcan la ansiedad, aumenten la seguridad e intensifiquen la sensación de que necesitamos hacerlo. Dame palabras que muestren respeto por nuestro pasado, al mismo tiempo que nos dirigimos juntos hacia nuestro futuro. Pero, por encima de todo... Señor, dame fe para dar este salto hacia el futuro. Y haz que sea un salto de líder, y no un salto solitario.

HAY UNA FINA LÍNEA DE SEPARACIÓN ENTRE LA FE Y LA IDIOTEZ.

REFLEXIONES

En el cuarto de baño para huéspedes de la casa de un amigo, no encontré nada para leer. Solo había un cubo de Rubik. Reflexionando sobre los retos del liderazgo mientras jugueteaba con aquel rompecabezas de plástico, tropecé con estas lecciones:

Hay algunas cosas que no se pueden cambiar.

El cuadrado central decide de qué color va a ser cada lado del cubo. Todo lo demás que hay en el cubo se puede cambiar en una serie de permutaciones sin fin, pero el color de una de las casas va determinado por su centro. Optimista por naturaleza, doy por supuesto que puedo lograr cuanto necesite la organización, pero siempre he sido bendecido con unos cuantos "terapeutas de la realidad" fieles, que se aseguren de que no perdamos tiempo y energía tratando de hacer lo imposible.

Nunca se puede cambiar solo una cosa.

La única forma de mover cualquiera de los cuadrados en una de las caras del cubo, consiste en mover doce cuadrados al mismo tiempo. Tal vez yo quiera mover a uno de los administradores, escribir de nuevo una de las secciones del plan, modificar un concepto en la publicidad, abandonar una línea de producción, añadir un nuevo servicio al cliente o reubicar una sucursal. Cada cambio trae consigo múltiples resultados, planificados y no planificados.

Hay que dejar lo que se tiene para conseguir lo que se quiere.

No es demasiado difícil poner todos los cuadrados de una cara del cubo del mismo color, pero a partir de ese punto, el progreso exige que perdamos parte de esa hermosa cara que hemos completado. La mayoría de la gente fracasa con el cubo porque no puede destruir la primera cara que completa. Se aferra al presente encantador pero inconcluso, y sacrifica así el futuro.

Amor

Dame tu amor por esta gente.
Ámalos a través de mí.

Nadie debería apoyar o seguir a un líder que no lo ame realmente. Nadie debería tratar de ser líder de personas por las que no tiene interés alguno.

Amados, amémonos unos a otros; porque el amor es de Dios.
1 Juan 4:7

Dios mío, cuánto he llegado a amar a esta gente. Siento por ellos un extraordinario amor que es muy superior a mí mismo. No profeso comprender la pasión que siento por su bienestar, su desarrollo, su éxito o su reputación. Qué tesoro tan incalculable me has dado: este gozo, este privilegio de amarlos así. Es algo que se desborda en mi persona y dora toda mi vida.

En cierto sentido, es extraño que los ame así, porque me pueden volver loco. Sufro cada día con todos sus defectos, ampliados por las presiones de las normas de producción y las metas corporativas que todos hemos aceptado. Me interrogan, me desafían, me ignoran y se resisten. Actúan como niños cuando no pido su consejo, y como bebés si no lo sigo.

Sin embargo, mira la forma tan gloriosa en que resplandecen. Qué asombrosos son; de qué manera tan experta cumplen con los propósitos especiales para cuyo logro los capacitan sus talentos y dones espirituales tan únicos. Con cuánta tranquilidad coordinan su labor. Qué maravillas de creatividad realizan a diario. Mira las capacidades que aplican a su labor para satisfacer necesidades humanas reales. Y mira cómo se obligan a sí mismos a crecer; a ser mejores aun. Cuán hermosamente sirven al noble llamado de tu reino. Es magnífico, Dios mío, totalmente magnífico.

Tú me los presentaste. Tú me enseñaste a ver quiénes son en realidad; a verlos como tú los ves. Y cada vez que los veo a tu manera, tu amor siempre me abruma y se desborda hacia ellos.

Para abrir mis ojos, ámame a mí primero. Y cuando sienta que tu Espíritu me ama, no podré evitar querer cuanto los haga a ellos más semejantes a ti.

Los amo por haberme convertido en su líder. Me han bendecido con su confianza después de haberme equivocado, y con su aliento cuando estaba agotado. Han cargado conmigo cuando he estado herido y me han enseñado lo que necesitaba saber para guiarlos bien. Me han respetado y han perdonado mis errores. Han protegido mi reputación y me han llamado amigo suyo. Me han amado.

Yo los amo a ellos. Pero solo mi amor nunca sería suficiente. Ellos necesitan y merecen mucho más. Te pido con todo mi corazón y con todas mis fuerzas...

Dame tu amor por esta gente. Ámalos a través de mí.

SIENTO POR ELLOS UN EXTRAORDINARIO AMOR QUE ES MUY SUPERIOR A MÍ MISMO.

REFLEXIONES

He sido líder y he sido seguidor, y en ambos papeles he amado y he sido amado. En 1 Corintios 13:13 dice: "Y ahora permanecen la fe, la esperanza y el amor, estos tres; pero el mayor de ellos es el amor". Una de las verdades que he llegado a ver a la luz de este versículo es que el amor, una vez que se ha expresado, nunca desaparece por completo. El amor nos cambia de forma permanente, porque nos convertimos en nuevas personas a base de vivir juntos la aventura.

La otra verdad de este versículo que le da forma al liderazgo, es que amar a la gente es algo eterno. En el cielo ya no necesitaremos la fe ni la esperanza. Experimentaremos en su plenitud aquello en lo cual solo creíamos o esperábamos aquí en la tierra. Pero en el cielo, vamos a seguir amando y recibiendo amor. El amor permanece para siempre.

Por consiguiente, he llegado a la conclusión de que tanto ser líder como ser seguidor, son cosas que tienen que ver con el amor a la gente, tal como es y tal como podría ser. Pero más aún: la gente que me ha seguido como líder me ha enseñado que la esencia del liderazgo consiste en arriesgarme a dejar que mis seguidores me amen, cualquiera que sea la forma en que decidan amarme. Hace falta valentía espiritual para experimentar el amor del liderazgo de esta forma, pero con la gracia de Dios, y por medio de la oración sincera, es posible.

Acerca del autor

El Dr. Richard Kriegbaum es orador, líder de seminarios y consultor. Además de esto, dirige los sistemas administrativos de la Fundación de Liderazgo de Fresno, una organización basada en la fe para el desarrollo de la comunidad.

Desde 1985 hasta 1997, Kriegbaum fue rector de la Universidad Fresno Pacific, una universidad cristiana con mil seiscientos estudiantes en programas de bachillerato y maestría; además de doce mil estudiantes a tiempo parcial que toman cursos de desarrollo profesional todos los años. Antes de su posición en Fresno Pacific, trabajó durante diecisiete años en el Colegio Wheaton (Illinois) como miembro de la facultad y administrador. Ha formado parte del comité ejecutivo del Concilio de Rectores de la NAIA y de las juntas de numerosas organizaciones.

El Dr. Kriegbaum terminó un doctorado en filosofía con especialidad en educación por la Universidad estatal de Nueva York en Búffalo, una maestría en español por la Universidad de Ball State, y un bachillerato con altos honores en el Colegio Wheaton.

Vive con su esposa Elona en Cambria, California. Tienen dos hijos casados y cuatro nietos.